KB043819

MP3 다운로드 방법

컴퓨터에서
- 네이버 블로그 주소란에 **www.lancom.co.kr** 입력 또는 네이버 블로그 검색창에 **랭컴**을 입력하신 후 다운로드

- **www.webhard.co.kr**에서 직접 다운로드
  아이디 : lancombook
  패스워드 : lancombook

스마트폰에서

COLUM BOOKS

콜롬북스 앱을 통해서 본문 전체가 녹음된 **MP3** 파일을 **무료로 다운로드**할 수 있습니다.

- 구글플레이 · 앱스토어에서 **콜롬북스 앱** 다운로드 및 설치
- 회원 가입 없이 원하는 도서명을 검색 후 **MP3 다운로드**
- 회원 가입 시 더 다양한 **콜롬북스** 서비스 이용 가능

원하시는 책을 바로 구매할 수 있습니다.

전체 파일을 한 번에 저장할 수 있습니다.

MP3 사용법

▶ **mp3 다운로드**

www.lancom.co.kr에 접속하여 **mp3**파일을 무료로 다운로드합니다.

▶ **우리말과 중국인의 1 : 1 녹음**

책 없이도 공부할 수 있도록 중국인 남녀가 자연스런 속도로 번갈아가며 중국어 문장을 녹음하였습니다. 우리말 한 문장마다 중국인 남녀 성우가 각각 1번씩 읽 어주기 때문에 한 문장을 두 번씩 듣는 효과가 있습니다.

▶ **mp3 반복 청취**

교재를 공부한 후에 녹음을 반복해서 청취하셔도 좋고, 중국인의 녹음을 먼저 듣고 잘 이해할 수 없는 부분은 교재로 확인해보는 방법으로 공부하셔도 좋습 니다. 어떤 방법이든 자신에게 잘 맞는다고 생각되는 방법으로 꼼꼼하게 공부하 십시오. 보다 자신 있게 중국어를 할 수 있게 될 것입니다.

▶ **정확한 발음 익히기**

발음을 공부할 때는 반드시 함께 제공되는 mp3 파일을 이용하시기 바랍니다. 언어를 배울 때 듣는 것이 중요하다는 것은 두말할 필요가 없습니다. 오랫동안 자주 반복해서 듣는 연습을 하다보면 어느 순간 갑자기 말문이 열리게 되는 것 을 경험할 수 있을 것입니다. 의사소통을 잘 하기 위해서는 말을 잘하는 것도 중 요하지만 상대가 말하는 것을 정확하게 듣는 것이 더 중요하다고 합니다. 활용 도가 높은 기본적인 표현을 가능한 한 많이 암기할 것과, 동시에 중국인이 읽어 주는 문장을 지속적으로 꾸준히 듣는 연습을 병행하시기를 권해드립니다. 듣는 연습을 할 때는 실제로 소리를 내어 따라서 말해보는 것이 더욱 효과적입니다.

포켓북
왕초보 중국어회화 사전

포켓북
왕초보 중국어회화 사전

2018년 12월 10일 초판 1쇄 발행
2023년 01월 15일 초판 7쇄 발행

지은이 송미경
발행인 손건
편집기획 김상배, 장수경
마케팅 최관호
디자인 이성세
제작 최승용
인쇄 선경프린테크

발행처 *LanCom* 랭컴
주소 서울시 영등포구 영신로34길 19
등록번호 제 312-2006-00060호
전화 02) 2636-0895
팩스 02) 2636-0896
이메일 elancom@naver.com

ⓒ 랭컴 2018
ISBN 979-11-89204-24-2 13720

하고 싶은
말을 바로 찾아
써먹는다!

내 손에
펼쳐진
포켓북

왕초보
중국어회화
사전

송미경 지음

LanCom
Language & Communication

중국어는 이제 우리나라에서 제2외국어로 확실한 자리매김을 하고 있습니다. 최근에는 인터넷상에서 정보나 지식을 공유하기 위한 의사소통의 수단으로서 중국어의 중요성이 더욱 부각되고 있습니다. 이제까지 회화라고 하면 그저 많이 듣고 많이 따라 말하면 되는 줄 알았지만 이제 시간만 낭비하는 헛된 노력은 그만! 읽기 듣기 말하기 쓰기 4단계 중국어 공부법은 가장 효과적이라고 알려진 비법 중의 비법입니다. 아무리 해도 늘지 않는 중국어 공부, 이제 **읽듣말쓰 4단계 공부법**으로 팔 걷어붙이고 달려들어 봅시다!

이 책은 휴대가 간편한 포켓북으로 제작되어 시간과 장소에 구애받지 않고 언제 어디서든 하고 싶은 말을 즉석에서 찾아 말할 수 있습니다.

읽기

왕초보라도 문제없이 읽을 수 있도록 중국인 발음과 최대한 비슷하게 우리말로 발음을 달아 놓았습니다. 우리말 해석과 중국어 표현을 눈으로 확인하며 읽어보세요.

- 같은 상황에서 쓸 수 있는 6개의 표현을 확인한다.
- 우리말 해석을 보면서 중국어 표현을 소리 내어 읽는다.

듣기

책 없이도 공부할 수 있도록 우리말 해석과 중국어 문장이 함께 녹음되어 있습니다. 출퇴근 길, 이동하는 도중, 기다리는 시간 등, 아까운 자투리 시간을 100% 활용해 보세요. 듣기만 해도 공부가 됩니다.

- 우리말 해석과 중국인 발음을 서로 연관시키면서 듣는다.
- 중국인 발음이 들릴 때까지 반복해서 듣는다.

쓰기

중국어 공부의 완성은 쓰기! 손으로 쓰면 우리의 두뇌가 훨씬 더 확실하게, 오래 기억한다고 합니다. 별도의 쓰기노트를 준비하여 적어도 3번 정도 또박또박 쓰면서 공부하다 보면 생각보다 중국어 문장이 쉽게 외워진다는 사실에 깜짝 놀라실 거예요.

- 먼저 기본 문장을 천천히 읽으면서 따라쓴다.
- 중국인의 발음을 들으면서 써본다.
- 표현을 최대한 머릿속에 떠올리면서 쓴다.

말하기

듣기만 해서는 절대로 입이 열리지 않습니다. 중국인 발음을 따라 말해보세요. 계속 듣고 말하다 보면 저절로 발음이 자연스러워집니다.

- 중국인 발음을 들으면서 최대한 비슷하게 따라 읽는다.
- 우리말 해석을 듣고 mp3를 멈춘 다음, 중국어 문장을 떠올려 본다.
- 다시 녹음을 들으면서 맞는지 확인한다.

대화 연습

문장을 아는 것만으로는 충분하지 않습니다. 대화를 통해 문장의 쓰임새와 뉘앙스를 아는 것이 무엇보다 중요하기 때문에 6개의 표현마다 Mini Talk를 하나씩 두었으며, Check Point!를 통해 회화의 감각을 익히도록 하세요.

- 대화문을 읽고 내용을 확인한다.
- 대화문 녹음을 듣는다.
- 들릴 때까지 반복해서 듣는다.

이 책의 내용

이 책의 내용

PART 03 일상편

PART 01

기본편

- 基本篇 -

基础汉语会话词典

인사표현
대화·의사표현
자기소개 표현
감정표현
화제표현
취미와 여가 표현

Unit 01

인사할 때

Mini Talk

A: 你好, 最近怎么样?

Nǐ hǎo, zuìjìn zěnmeyàng

니 하오, 쭈이찐 전머양

안녕하세요, 요즘 어떠세요?

B: 很好, 你呢?

Hěn hǎo, nǐ ne

헌 하오, 니 너

잘 지내요, 당신은요?

Check Point!

사람을 만났을 때 가장 많이 쓰이는 일상적인 인사는 你好(Nǐhǎo)!입니다. 우리말의 '안녕하세요?'에 해당하는 인사로서 시간이나 장소 또는 연령에도 구애받지 않고 무난히 쓸 수 있습니다. 상대방을 높여서 인사할 때는 您好 (Nínhǎo)!라고 합니다. 또한 아침에 만났을 때는 早安(Zǎoān)!, 저녁때 만났 을 때는 晚安(Wǎn'ān)!으로 인사를 나눕니다.

안녕하세요.

你好! / 您好!

Nǐ hǎo　　Nín hǎo
니 하오　　닌 하오

안녕하세요?

你好吗?

Nǐ hǎo ma
니 하오 마

안녕하세요. (아침인사)

你早! / 早安! / 早上好!

Nǐ zǎo　　Zǎo'ān　　Zǎoshang hǎo
니 자오　　자오안　　자오상 하오

안녕하세요. (저녁인사)

晚上好!

Wǎnshang hǎo
완샹 하오

안녕히 주무세요.

晚安!

Wǎn'ān
완안

여러분, 안녕하세요.

大家好!

Dàjiā hǎo
따찌아 하오

A: 안녕하세요, 요즘 어떠세요?

B: 잘 지내요, 당신은요?

Unit
02

근황을 물을 때

Mini Talk

A: **身体好了吗?**

Shēntǐ hǎo le ma

션티 하오 러 마

건강은 좋아지셨어요?

B: **没事了。**

Méishì le

메이쓰 러

괜찮습니다.

Check Point!

상대가 잘 지내는지 안부를 물어보려면 最近怎么样(Zuìjìn zěnmeyàng)? 또는 最近过得怎么样(Zuìjìn guò de zěnmeyàng)?과 같이 말합니다. 得 (de)는 동사나 형용사 뒤에서 정도를 나타내는 정도보어를 연결해줍니다. 즉 '지내는 정도가 어떤가요?'라고 묻는 말입니다. 그밖에도 일이나 건강 등을 묻기도 하고 가족의 안부를 물어보기도 합니다.

요즘 어떻게 지내세요?

最近怎么样?

Zuìjìn zěnmeyàng

쭈이찐 전머양

잘 지내세요?

还好吗?

Háihǎo ma

하이하오 마

덕분에 잘 지내고 있습니다, 당신은요?

托您的福很好, 你呢?

Tuō nín de fú hěnhǎo, nǐ ne

투어 닌 더 푸 헌하오, 니 너

건강은 좋아지셨어요?

身体好了吗?

Shēntǐ hǎo le ma

션티 하오 러 마

일은 바쁘세요?

工作忙吗?

Gōngzuò máng ma

꽁쭈어 망 마

별 일 없으시지요?

没什么事吧?

Méi shénme shì ba

메이 션머 쓰 바

02 대화 다시듣기

A: 건강은 좋아지셨어요? ☐ ☐ ☐

B: 괜찮습니다.

인사표현

Unit
03

처음 만났을 때

Mini Talk

A: 我先自我介绍一下。

Wǒ xiān zìwǒjièshào yíxià

워 씨엔 쯔워찌에샤오 이씨아

제 소개를 먼저 하겠습니다.

B: 好。

Hǎo

하오

좋아요.

Check Point!

처음 사람을 만났을 때 중국인은 고개 숙여 인사하기보다 악수를 건네는 편입니다. 만약 중국인이 你好(Nǐhǎo)!라고 손을 내밀면 주저하지 말고 손을 건네는 것이 좋습니다. 상대의 이름을 물을 때는 您贵姓(Nín guì xìng)?이라고 하며, 이에 대한 응답으로 자신의 이름을 말할 때는 我姓(Wǒ xìng)○○라고 하면 됩니다.

처음 뵙겠습니다.

初次见面。

Chūcì jiànmiàn

추츠 찌엔미엔

뵙게 되어 반갑습니다.

认识你很高兴。

Rènshi nǐ hěn gāoxìng

런스 니 헌 까오씽

말씀 많이 들었습니다.

久仰久仰。

Jiǔyǎng jiǔyǎng

지우양 지우양

만나서 반갑습니다.

见到你很高兴。

Jiàndào nǐ hěn gāoxìng

찌엔따오 니 헌 까오씽

이름이 어떻게 됩니까?

您贵姓?

Nín guì xìng

닌 꾸이 씽

성은 김이고, 이름은 희선입니다.

我姓金, 叫喜善。

Wǒ xìng Jīn, jiào Xīshàn

워 씽 찐, 쨔오 씨싼

03 대화 다시듣기

A: 제 소개를 먼저 하겠습니다.

B: 좋아요.

☐ ☐ ☐

24

Unit 04

인사표현

소개할 때

Mini Talk

A: 久闻大名, 见到你很高兴。

Jiǔwén dàmíng, jiàndào nǐ hěn gāoxìng

지우원 따밍, 찌엔따오 니 헌 까오씽

존함을 오래 전부터 들었습니다. 만나서 반갑습니다.

B: 认识你我也很高兴。

Rènshi nǐ wǒ yě hěn gāoxìng

런스 니 워 예 헌 까오씽

저도 뵙게 되어 기쁩니다.

Check Point!

다른 사람을 자신이 소개할 때는 먼저 我来介绍一下(Wǒ lái jièshào yíxià)
라고 합니다. 물론 사람 이외에 다른 대상이나 상황을 소개할 때도 이렇게 말
할 수 있습니다. 사람을 소개할 때는 这是~(이쪽은 ~입니다) 또는 这位是
~(이분은 ~이십니다)로 시작하는데 사람을 세는 양사를 선별적으로 사용해
서 높임의 뜻을 나타내줍니다.

두 분이 서로 인사 나누셨습니까?

你们俩打过招呼了?

Nǐmen liǎ dǎ guò zhāohū le
니먼 리아 다 꿔 짜오후 러

제가 두 분을 소개하겠습니다.

我来介绍这两位。

Wǒ lái jièshào zhè liǎngwèi
워 라이 찌에쌰오 쩌 량웨이

서로 인사하시지요.

你们互相认识一下吧。

Nǐmen hùxiāng rènshi yíxià ba
니먼 후씨앙 런스 이씨아 바

전에 한번 뵌 적이 있는 것 같습니다.

我们好像见过一面。

Wǒmen hǎoxiàng jiànguò yímiàn
워먼 하오씨앙 찌엔꿔 이미엔

존함은 익히 들었습니다.

您的大名早有所闻。

Nín de dàmíng zǎo yǒu suǒwén
닌 더 따밍 자오 여우 쑤어원

예전부터 뵙고 싶었습니다.

我早就想见见你。

Wǒ zǎojiù xiǎng jiànjiàn nǐ
워 자오찌우 시앙 찌엔찌엔 니

04 대화 다시듣기

A: 존함을 오래 전부터 들었습니다. 만나서 반갑습니다. ☐ ☐ ☐
B: 저도 뵙게 되어 기쁩니다.

26

인사표현

Unit 05

오랜만에 만났을 때

 Mini Talk

A: 好久没见了。
Hǎojiǔ méi jiànle
하오지우 메이 찌엔러
오랜만이네요.

B: 是啊, 你还好吗?
Shì a, nǐ hái hǎo ma
쓰 아, 니 하이 하오 마
네, 잘 지냈어요?

 Check Point!

오랜만에 아는 사람을 만났을 때 보통 好久不见了(Hǎojiǔbújiàn le)라고 합니다. 이어서 그 동안의 건강을 물을 때는 您身体好吗(Nín shēntǐ hǎo ma)?라고 하며 이때 好는 '건강'의 의미로 사용됩니다. 다른 사람의 안부를 물을 때는 你爱人好吗(Nǐ àirén hǎo ma/부인은 안녕하시져요)?처럼 안부를 묻는 대상 다음에 好吗?를 붙여주면 됩니다.

27

오랜만입니다.

好久不见了。

Hǎojiǔ bújiàn le
하오지우 부찌엔 러

오랜만이군요. 어떻게 지내세요?

好久不见，过得怎么样?

Hǎojiǔ bújiàn, guò de zěnmeyàng
하오지우 부찌엔, 꿔 더 전머양

안녕하세요. 다시 만나서 반갑습니다.

你好! 很高兴再次见到你。

Nǐ hǎo! Hěn gāoxìng zàicì jiàndào nǐ
니 하오! 헌 까오씽 짜이츠 찌엔따오 니

몇 년 만이죠?

有几年没见了?

Yǒu jǐ nián méi jiàn le
여우 지 니엔 메이 찌엔 러

여전하시군요.

你一点儿都没变啊。

Nǐ yìdiǎnr dōu méi biàn a
니 이디알 떠우 메이 삐엔 아

가족 모두 안녕하시지요?

你家里人都好吗?

Nǐ jiā li rén dōu hǎo ma
니 찌아 리 런 떠우 하오 마

05 대화 다시듣기

A: 오랜만이네요.

B: 네, 잘 지냈어요?

인사표현

Unit 06

우연히 만났을 때

Mini Talk

A: 哟, 这是谁呀!

Yō, zhè shì shéi ya

요, 쩌 쓰 쉐이 야

아니, 이게 누구에요!

B: 呀! 是刘梅吧? 你怎么到这儿来了?

Yā! shì Líuméi ba? Nǐ zěnme dào zhèr lai le

야! 쓰 리우메이 바? 니 전머 따오 쩔 라이 러

어! 리우메이 맞죠?

어떻게 여기에 왔어요?

Check Point!

'당신을 만나 반갑습니다'라고 인사할 때 很高兴见到你(Hěn gāoxìng jiàn dào nǐ)라고 합니다. 계획하지 않았는데 우연히 만나게 됐을 때는 碰到(pèng dào) 혹은 遇到(yù dào)라고 합니다. 생각지도 못하게 사람을 만나 반갑게 인사할 때 真没想到在这儿遇到你(Zhēn méi xiǎng dào zài zhèr yù dào nǐ)라고 합니다.

만나서 반가워요.

很高兴见到你。

Hěn gāoxìng jiàndào nǐ

헌 까오씽 찌엔따오 니

아니, 이게 누구예요!

哟，这是谁呀!

Yō, zhè shì shéi a

요, 쩌 쓰 쉐이 아

세상 정말 좁군요.

这世界真是太小了。

Zhè shìjiè zhēnshì tài xiǎo le

쩌 쓰찌에 쩐쓰 타이 샤오 러

여기서 만나다니 뜻밖이군요.

在这里碰到你，真是没想到。

Zài zhèli pèngdào nǐ, zhēnshì méi xiǎngdào

짜이 쩌리 펑따오 니, 쩐쓰 메이 시앙따오

다시 뵐 거라고는 정말 생각도 못했어요.

真没想到能再见面!

Zhēn méi xiǎngdào néng zài jiànmiàn

쩐 메이 시앙따오 넝 짜이 찌엔미엔

그렇지 않아도 뵙고 싶었었는데.

我正好想找你呢。

Wǒ zhènghǎo xiǎng zhǎo nǐ ne

워 쩡하오 시앙 자오 니 너

A: 아니, 이게 누구예요!

B: 어! 리우메이 맞죠? 어떻게 여기에 왔어요?

30

인사표현

Unit
07

헤어질 때

Mini Talk

A: 很高兴今天认识你。

Hěn gāoxìng jīntiān rènshi nǐ

헌 까오씽 찐티엔 런스 니

오늘 만나서 반가웠습니다.

B: 认识你我也很高兴。再见。

Rènshi nǐ wǒ yě hěn gāoxìng. zàijiàn

런스 니 워 예 헌 까오씽. 짜이찌엔

뵙게 되어 저도 기쁩니다.

안녕히 가세요.

Check Point!

헤어질 때 가장 흔하게 쓰이는 인사말로는 再见(Zàijiàn)!가 있습니다. 매일 만나는 사람과 헤어질 때는 明天见(Míngtiān jiàn)!, 回头见(Huítóu jiàn)! 처럼 다시 만날 시간 뒤에 '만나다'라는 뜻의 동사 见을 붙입니다. 젊은 사람들은 拜拜(bàibai)라고 인사하기도 합니다. 집에 찾아왔던 손님을 전송할 때는 보통 慢走(Mànzǒu)!라고 합니다.

안녕히 계세요(가세요).

再见!
Zàijiàn
짜이찌엔

내일 봐요.

明天见。
Míngtiān jiàn
밍티엔 찌엔

이따 봐요!

回头见!
Huítóu jiàn
후이터우 찌엔

그럼, 다음에 뵙겠습니다.

那么, 下回见。
Nàme, xiàhuí jiàn
나머, 씨아후이 찌엔

나중에 또 만납시다!

后会有期!
Hòu huì yǒu qī
허우 후이 여우 치

잘 지내요!

保重!
Bǎozhòng
바오쫑

07 대화 다시듣기

A: 오늘 만나서 반가웠습니다.
B: 뵙게 되어 저도 기쁩니다. 안녕히 가세요.

Unit 08

인사표현

떠나보낼 때

Mini Talk

A: 我真的要走了。
Wǒ zhēnde yào zǒu le
워 쩐더 야오 저우 러
정말 가야겠어요.

B: 好, 祝你一路平安!
Hǎo, zhù nǐ yílùpíng'ān
하오, 쭈 니 이루핑안
네, 편안한 여행되시길 바랄게요.

Check Point!

떠나는 사람을 전송하는 것을 送(sòng)이라고 합니다. 전송 나온 사람에게 고마움을 전할 때 谢谢你来送我(Xièxie nǐ lái sòng wǒ 전송해주셔서 고맙습니다)라고 합니다. 반면 방문했던 손님을 전송할 때는 慢走(Mànzǒu 살펴가세요)라고 많이 합니다. 路上小心点儿(Lù shàng xiǎoxīn diǎnr)이라고 하면 '조심해서 가세요' 정도의 의미가 됩니다.

조심해서 가세요.

慢走。

Màn zǒu

만 저우

몸조심하세요.

请多多保重身体。

Qǐng duōduō bǎozhòng shēntǐ

칭 뚜어뚜어 바오쫑 션티

멀리 안 나갈게요.

我不送你了。

Wǒ bú sòng nǐ le

워 부 쏭 니 러

역까지 바래다 드릴게요.

我送你到车站吧。

Wǒ sòng nǐ dào chēzhàn ba

워 쏭 니 따오 처짠 바

성공을 빌겠습니다.

祝你成功。

Zhù nǐ chénggōng

쭈 니 청꽁

즐거운 여행이 되세요.

祝你旅游愉快!

Zhù nǐ lǚyóu yúkuài

쭈 니 뤼여우 위콰이

08 대화 다시듣기

A: 정말 가야겠어요.

B: 네, 편안한 여행되시길 바랄게요.

34

인사표현

Unit 09

고마울 때

Mini Talk

A: **谢谢。**
Xièxie
씨에시에
고마워요.

B: **不客气。**
Bú kèqi
부 커치
천만에요.

Check Point!

고마움을 표현할 때는 보통 谢谢(Xièxie)!라고 합니다. 친한 사이라면 多谢(Duōxiè), 谢谢你(Xièxie nǐ)라고 하고, 강조할 때는 非常感谢!(Fēicháng gǎnxiè 대단히 감사합니다)라고 합니다. 谢谢你来接我(Xièxie nǐ lái jiē wǒ 마중 나와서 고맙습니다)처럼 谢谢 다음에 감사한 이유를 덧붙이면 '~해서 고마워요'의 뜻을 전하는 표현이 됩니다.

감사합니다.

谢谢。

Xièxie

씨에시에

당신 덕분이에요, 고맙습니다.

托你的福，谢谢。

Tuō nǐ de fú, xièxie

투어 니 더 푸, 씨에시에

대단히 감사합니다.

非常感谢。

Fēicháng gǎnxiè

페이창 간씨에

도와 주셔서 감사합니다.

谢谢你的帮助。

Xièxie nǐ de bāngzhù

씨에시에 니 더 빵쭈

천만에요.

不客气。

bú kèqi

부 커치

별말씀을요.

哪里哪里。

Nǎli nǎli

나리 나리

09 대화 다시듣기

A: 고마워요.

B: 천만에요.

인사표현

미안할 때

Mini Talk

A: 对不起, 让你久等了。

Duìbuqǐ, ràng nǐ jiǔ děng le

뚜이부치, 랑 니 지우 덩 러

오래 기다리게 해서 미안합니다.

B: 没关系, 我也刚到的。

Méi guānxi, wǒ yě gāng dào de

메이 꽌시, 워 예 깡 따오 더

괜찮아요, 저도 방금 왔어요.

Check Point!

상대방에게 실수하거나 잘못했을 때 우선 정중하게 사과를 하고 용서를 구하는 것이 도리입니다. 사과나 사죄를 할 때 对不起(Duìbuqǐ) 등의 표현 외에도 抱歉(Bàoqiàn), 过意不去(Guòyìbúqù), 不好意思(Bùhǎoyìsi) 등도 많이 쓰입니다. 또 양해를 구할 때는 구할 때는 请您原谅(Qǐng nín yuánliàng 양해해 주십시오)라고 합니다.

37

미안합니다.

对不起。

Duìbuqǐ
뚜이부치

정말 미안합니다.

真不好意思。

Zhēn bùhǎoyìsi
쩐 뿌하오이쓰

죄송합니다.

很抱歉。

Hěn bàoqiàn
헌 빠오치엔

용서해 주십시오.

请原谅我。

Qǐng yuánliàng wǒ
칭 위엔량 워

제가 잘못했습니다.

是我不对。

Shì wǒ búduì
쓰 워 부뚜이

괜찮습니다.

没关系。

Méi guānxi
메이 꽌시

 10 대화 다시듣기

☐ ☐ ☐

A: 오래 기다리게 해서 미안합니다.

B: 괜찮아요, 저도 방금 왔어요.

38

Unit 11

대화·의사표현

사람을 부르거나 말을 걸 때

Mini Talk

A: 老金，我能跟你谈谈吗?

Lǎo Jīn, wǒ néng gēn nǐ tántan ma

라오 찐, 워 넝 껀 니 탄탄 마

김씨, 저와 이야기 좀 할 수 있을까요?

B: 你到底想说点什么?

Nǐ dàodǐ xiǎng shuō diǎn shénme

니 따오디 시앙 쑤어 디엔 션머

무슨 말을 하고 싶으신 거죠?

Check Point!

상대에 대해 호칭을 적절하게 사용하지 못할 경우 결례가 될 뿐만 아니라 기분을 상하게 하므로 주의를 기울여야 합니다. 중국에서는 일반적으로 사람을 호칭할 때 남성은 先生(xiānshēng), 여성은 小姐(xiǎojiě)라고 합니다. 만일 상대가 결혼한 여성이라면 그 여성의 성 뒤에 女士(nǚshì) 혹은 夫人(fūrén)을 붙이거나, 남편의 성 뒤에 太太(tàitài)를 붙여서 호칭해도 됩니다.

어떻게 불러야 하나요?

不知该怎么称呼?

Bùzhī gāi zěnme chēnghū

뿌쯔 까이 전머 청후

여보세요!

喂!

Wèi

웨이

저, 잠깐만요.

哦, 我说。

Ó, wǒ shuō

어, 워 쑤어

이야기 좀 할 수 있을까요?

我能跟你谈谈吗?

Wǒ néng gēn nǐ tántan ma

워 넝 껀 니 탄탄 마

드릴 말씀이 있는데요.

我有话跟你说。

Wǒ yǒu huà gēn nǐ shuō

워 여우 화 껀 니 쑤어

잠깐 이야기 좀 할까요?

我们俩谈谈?

Wǒmenliǎ tántan

워먼리아 탄탄

 11 대화 다시듣기

A: 김씨, 저와 이야기 좀 할 수 있을까요? ☐ ☐ ☐

B: 무슨 말을 하고 싶으신 거죠?

40

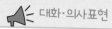

Unit 12

맞장구칠 때

Mini Talk

A: **你知道吗? 他买了房子。**

Nǐ zhīdao ma? Tā mǎi le fángzi

니 쯔다오 마? 타 마이 러 팡즈

당신 알아요? 저 남자 집을 샀대요.

B: **真的?**

Zhēnde

쩐더

정말이에요?

Check Point!

대화의 흐름을 원활하게 하기 위해서는 맞장구를 잘 치는 일입니다. 이것은 상대방에게 자기의 이야기를 잘 듣고 있다는 신뢰감을 줄 수 있기 때문입니다. 우리말의 '그래 맞아, 그렇구나'의 중국어 표현으로는 对(duì), 就是(jiùshì), 是啊(shì a) 등을 들 수 있습니다. 또 놀랍거나 의아할 때는 是吗(Shì ma)?, 真的(Zhěnde)? 등으로 반문하기도 합니다.

그래 맞아요.

是的。 / 是啊。

Shì de   Shì a
쓰 더   쓰 아

정말요?

是吗? / 真的?

Shì ma   Zhěn de
쓰 마   전 더

맞아요.

没错。

Méicuò
메이추어

맞는 말씀이세요.

你说得对。

Nǐ shuō de duì
니 쑤어 더 뚜이

누가 아니래요.

可不是嘛。

Kě búshì ma
커 부쓰 마

아이고, 그럴 리가요.

唉，不会吧。

Āi, búhuì ba
아이, 부훼이 바

12 대화 다시듣기

A: 당신 알아요? 저 남자 집을 샀대요.

B: 정말이에요?

Unit 13

대화·의사표현

되물을 때

Mini Talk

A: **你刚才说什么了?**

Nǐ gāngcái shuō shénme le

니 깡차이 쑤어 션머 러

방금 뭐라고 하셨어요?

B: **请注意听, 下星期有考试。**

Qǐng zhùyì tīng, xiàxīngqī yǒu kǎoshi

칭 쭈이 팅, 씨아씽치 여우 카오쓰

잘 들어요, 다음 주에 시험이에요.

Check Point!

상대의 말을 못 들었거나 이해하지 못해서 다시 한 번 말해달라고 요구할 때는 请你再说一遍(Qǐngnǐ zài shuō yíbiàn)이라고 합니다. 어느 정도 중국어를 배웠어도 실제 중국에 가서 부딪치면 사람들이 말하는 속도도 빠르고 또 儿化韵 현상이나 지방 사투리가 다양해서 귀에 잘 들어오지 않을 수 있습니다. 이럴 때는 망설이지 말고 확실하게 되물어봅시다.

43

무슨 소리에요?

你说什么?

Nǐ shuō shénme
니 쑤어 션머

___

방금 뭐라고 하셨어요?

刚才你说什么了?

Gāngcái nǐ shuō shénme le
깡차이 니 쑤어 션머 러

___

말씀하신 게 무슨 뜻인가요?

你说的是什么意思?

Nǐ shuō de shì shénmeyìsi
니 쑤어 더 쓰 션머이쓰

___

다시 한 번 말씀해 주십시오.

请再说一次吧。

Qǐng zài shuō yícì ba
칭 짜이 쑤어 이츠 바

___

미안합니다, 잘 못 들었어요.

对不起，我没听清楚。

Duìbuqǐ, wǒ méi tīng qīngchu
뚜이부치, 워 메이 팅 칭추

___

천천히 말씀해주시죠.

请你慢一点儿说。

Qǐng nǐ màn yìdiǎnr shuō
칭 니 만 이디알 쑤어

___

13 대화 다시듣기

A: 방금 뭐라고 하셨어요?　　　☐ ☐ ☐

B: 잘 들어요, 다음 주에 시험이에요.

Unit 14

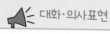
대화·의사표현

질문할 때

Mini Talk

A: 对不起，请问一下。
Duìbuqǐ, qǐngwèn yíxià
뚜이부치, 칭원 이씨아
실례합니다. 말씀 좀 여쭙겠습니다.

B: 什么事儿?
Shénme shìr
션머 썰
무슨 일이십니까?

Check Point!

낯선 곳에서 모르는 사람에게 뭔가를 물을 때는 请问一下(Qǐngwèn yíxià 말 좀 물읍시다)라고 합니다. 또한 의문점이 생기면 사용되는 말은 묻는 주제에 따라 다릅니다. 이유를 물을 때는 为什么(wéishénme), 방법을 물을 때는 怎么(zěnme), 정도를 물을 때는 多么(duōme), 때를 물을 때는 什么時候(shénmeshíhòu), 방향이나 장소를 물을 때는 哪儿(nǎr) 등을 사용합니다.

말씀 좀 물을게요.

请问一下。

Qǐngwèn yíxià

칭원 이씨아

질문 하나 있습니다.

我有一个问题。

Wǒ yǒu yígè wèntí

워 여유 이꺼 원티

이것은 중국어로 뭐라고 하죠?

请问这个中文怎么说?

Qǐngwèn zhège zhōngwén zěnme shuō

칭원 쩌거 쭝원 전머 쑤어

누구한테 물어봐야 되죠?

不知应该问哪位?

Bùzhī yīnggāi wèn nǎ wèi

뿌쯔 잉까이 원 나 웨이

말하지 않겠어요.

我不回答。

Wǒ bù huídá

워 뿌 후이다

모르겠어요.

这我不知道。

Zhè wǒ bùzhīdào

쩌 워 뿌쯔따오

14 대화 다시듣기

A: 실례합니다. 말씀 좀 여쭙겠습니다.   □ □ □

B: 무슨 일이십니까?

46

대화·의사표현

Unit
15

부탁할 때

Mini Talk

A: 请帮我一个忙,可以吗?

Qǐng bāng wǒ yígè máng, kěyǐ ma

칭 빵 워 이꺼 망, 커이 마

저 좀 도와주시겠어요?

B: 可以,什么事儿?

Kěyǐ, shénme shìr

커이, 션머 썰

네, 무슨 일이죠?

Check Point!

문장 앞에 请(qǐng)을 붙이면 부탁의 의미나 공경의 의미를 표현합니다. 해석하면 '~하세요, ~해주세요'의 의미가 됩니다. 부탁이나 의뢰를 할 때는 문장 마지막에 行吗(íng ma)?, 好吗(hǎo ma)?, 可以吗(kěyǐ ma)?와 같이 상대방의 의향을 물어보는 말을 덧붙입니다. 또, 麻烦你(máfan nǐ), 劳驾(láojià), 请问(qǐngwèn)과 같은 말을 먼저 건네는 것도 좋습니다.

잘 부탁드립니다.

多多拜托您!

Duōduo bàituō nín
뚜어두어 빠이투어 닌

부탁 하나 드려도 될까요?

我想拜托你一件事, 行吗?

Wǒ xiǎng bàituō nǐ yíjiàn shì, xíng ma
워 시앙 빠이투어 니 이찌엔 쓰, 싱 마

앞으로 많이 봐 주십시오.

以后请您多多关照。

Yǐhòu qǐng nín duōduo guānzhào
이허우 칭 닌 뚜어두어 꽌짜오

좀 부탁드릴 일이 있는데요.

我有事想拜托你。

Wǒ yǒu shì xiǎng bàituō nǐ
워 여우 쓰 시앙 빠이투어 니

저를 도와주시겠습니까?

你能帮我吗?

Nǐ néng bāng wǒ ma
니 넝 빵 워 마

당신의 도움이 필요합니다.

我需要你的帮助。

Wǒ xūyào nǐ de bāngzhù
워 쒸야오 니 더 빵쭈

15 대화 다시듣기

A: 저 좀 도와주시겠어요?

B: 네, 무슨 일이죠?

48

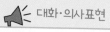

Unit 16

 대화·의사표현

학습일 / □

부탁에 응답할 때

 Mini Talk

A: 我想拜托你一件事，行吗?

Wǒ xiǎng bàituō nǐ yíjiàn shì, xíng ma

워 시앙 빠이투어 니 이티엔 쓰, 시앙 마

한 가지 부탁해도 될까요?

B: 不好意思，我现在太忙了。

Bùhǎoyìsi, wǒ xiànzài tài máng le

뿌하오이쓰, 워 씨엔짜이 타이 망 러

미안해요, 제가 지금 너무 바쁘네요.

 Check Point!

부탁을 수락하는 경우 쉽게 쓸 수 있는 말은 好(hǎo), 没问题 (méiwèntí), 可以(kěyǐ) 등이 있습니다. 하지만 중국인이 부탁에 好(hǎo)라고 했다고 무조건 수락했다고 생각하면 곤란합니다. 상황에 따라 '알았다'라는 의미로 해석할 수도 있기 때문에 好，让我们考虑一下吧(hǎo, ràng wǒmen kǎolǜ yí xià) 라고 했다면 '알았어요, 한번 고려해보죠'라는 의미로 받아들이면 됩니다.

49

좋습니다.

好。

Hǎo

하오

물론 되죠.

当然可以。

Dāngrán kěyǐ

땅란 커이

문제없어요.

没问题。

Méi wèntí

메이 원티

아무래도 안 되겠는데요.

这恐怕不行。

Zhè kǒngpà bùxíng

쩌 콩파 뿌싱

생각해보죠.

让我考虑一下。

Ràng wǒ kǎolǜ yíxià

랑 워 카오뤼 이씨아

다음에 얘기합시다.

改天再说吧。

Gǎitiān zài shuō ba

가이티엔 짜이 쑤어 바

16 대화 다시듣기

A: 한 가지 부탁해도 될까요?

B: 미안해요, 제가 지금 너무 바쁘네요.

50

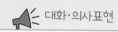
Unit 17

대화·의사표현

이해를 확인할 때

Mini Talk

A: **你不太明白吗?**
Nǐ bú tài míngbai ma
니 부 타이 밍바이 마

잘 모르겠어요?

B: **我听不出来要旨。**
Wǒ tīng bù chūlái yàozhǐ
워 팅 뿌 추라이 야오즈

요지가 뭔지 알아듣지 못하겠어요.

Check Point!

중국인과 대화를 하면서 잘 알아듣지 못했을 때 무작정 묻기보다는 미안하다는 표현인 对不起(duìbuqǐ), 不好意思(bùhǎoyìsi) 등을 덧붙이면 더욱 정중하겠죠? 설명을 요구할 때는 문장 앞에 请(qǐng)을 써주는 것이 좋습니다. 请은 '부디 ~해주십시오'라는 의미로 동사 앞에 놓여서 경의를 표시합니다. 부분적인 설명을 요구할 때에는 그 부분에 什么(shénme)를 넣어서 물어보면 됩니다.

51

아시겠어요?

你能理解吗?

Nǐ néng lǐjiě ma
니 넝 리지에 마

제가 한 말을 알겠어요?

你明白我说的话吗?

Nǐ míngbai wǒ shuō de huà ma
니 밍바이 워 쑤어 더 화 마

무슨 뜻인지 아시겠어요?

你能理解是什么意思吗?

Nǐ néng lǐjiě shì shénme yìsī ma
니 넝 리지에 쓰 션머 이쓰 마

알겠어요.

我理解。

Wǒ lǐjiě
워 리지에

아, 알겠습니다.

哦, 明白了。

Ó, míngbai le
어, 밍바이 러

모르겠어요.

我没法理解。

Wǒ méifǎ lǐjiě
워 메이파 리지에

17 대화 다시듣기

A: 잘 모르겠어요? ☐ ☐ ☐

B: 요지가 뭔지 알아듣지 못하겠어요.

52

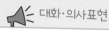
대화·의사표현

의견을 묻고 대답할 때

Mini Talk

A: 明天去怎么样?

Míngtiān qù zěnmeyàng

밍티엔 취 전머양

내일 가면 어때요?

B: 明天我还要上班。

Míngtiān wǒ háiyào shàngbān

밍티엔 워 하이야오 샹빤

내일도 출근해야 해요.

Check Point!

다른 사람에게 의견을 제시하거나 물어볼 때 흔히 ~怎么样(zěnm yàng)을
많이 사용합니다. 이것은 '~하면 어떨까요?'라고 상대방의 의중을 물어보는
표현입니다. 상대의 의견에 찬성할 때는 请随便(Qǐng suíbiàn)라고 하고,
반대로 상대방의 의견에 부정할 때는 我倒不那么认为(Wǒ dào bú nàme
rènwéi)라고 하면 됩니다.

당신 의견은 어때요?

你的意见怎么样?

Nǐ de yìjiàn zěnmeyàng
니 더 이찌엔 전머양

당신이 느끼기에 어때요?

你觉得怎么样?

Nǐ juéde zěnmeyàng
니 쥐에더 전머양

당신이 보기에 어때요?

你看怎么样?

Nǐ kàn zěnmeyàng
니 칸 전머양

무슨 좋은 생각이 있어요?

有没有什么好主意?

Yǒuméiyǒu shénme hǎo zhǔyi
여우메이여우 션머 하오 주이

좋으실 대로 하십시오.

请随便。

Qǐng suíbiàn
칭 쑤이삐엔

뭐라고 말할 수 없네요.

我也不好说。

Wǒ yě bùhǎo shuō
워 예 뿌하오 쑤어

18 대화 다시듣기

A: 내일 가면 어때요?

B: 내일도 출근해야 해요.

54

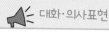

대화·의사표현

Unit
19

허락과 양해를 구할 때

Mini Talk

A: 我可以试一下吗?

Wǒ kěyǐ shì yíxià ma

워 커이 쓰 이씨아 마

한번 입어봐도 될까요?

B: 当然。那边有更衣室。

Dāngrán. Nàbiān yǒu gēngyīshì

땅란. 나삐엔 여우 껑이쓰

물론이죠. 저쪽에 피팅룸이 있어요.

Check Point!

상대방의 부탁이나 의견을 받아들일 때는 行(xíng), 可以(kěyǐ), 我同意 (wǒtóngyì), 好吧(hǎoba)라고 하면 됩니다. 만일 적극적으로 받아들일 때는 当然可以(dāngrán kěyǐ), 没问题(méiwèntí)라고 합니다. 반대로 거절을 하거나 받아들일 수 없을 때는 对不起(duìbuqǐ), 不好意思(bùhǎoyìsī), 真遗憾(zhēnyíhàn) 등으로 미안함이나 유감의 뜻을 나타냅니다.

이렇게 하면 되나요?

这样做，就行吗?

Zhèyàng zuò, jiù xíng ma

쩌양 쭈어, 찌우 싱 마

제가 들어가도 될까요?

我可以进去吗?

Wǒ kěyǐ jìnqù ma

워 커이 찐취 마

좌석을 바꿔 앉아도 되나요?

可不可以换座位?

Kěbùkěyǐ huàn zuòwèi

커뿌커이 환 쭈어웨이

실례합니다.

对不起了。

Duìbuqǐ le

뚜이부치 러

잠깐 실례해도 될까요?

我可以打扰你一下吗?

Wǒ kěyǐ dǎráo nǐ yíxià ma

워 커이 다라오 니 이씨아 마

이만 실례할게요.

我马上要回去了!

Wǒ mǎshàng yào huíqù le

워 마쌍 야오 후이취 러

19 대화 다시듣기

A: 한번 입어봐도 될까요?

B: 물론이죠. 저쪽에 피팅룸이 있어요.

Unit
20

대화·의사표현

동의를 구하고 답할 때

Mini Talk

A: **你同意我的看法吗?**

Nǐ tóngyì wǒ de kànfǎ ma

니 퉁이 워 더 칸파 마

제 의견에 동의합니까?

B: **完全同意。**

Wánquán tóngyì

완취엔 퉁이

동의합니다.

Check Point!

상대방의 동의를 구할 때 怎么样(Zěnmeyàng)라고 묻습니다. 이때 중국인
들은 '좋다'라는 표현인 好的(hǎode)를 연발합니다. 만일 중국인과 어떤 비
즈니스를 할 경우에 이 말만 믿고 모든 일이 잘된 줄 알고 있다가는 크게 낭
패를 보게 됩니다. 중국인은 입버릇처럼 하는 말이기 때문입니다. 부정할 때
는 不是(búshì)나 没有(méiyǒu)를 많이 사용합니다.

당신도 내 생각과 같습니까?

你的想法也跟我一样吗?

Nǐ de xiǎngfǎ yě gēn wǒ yíyàng ma

니 더 시앙파 예 껀 워 이양 마

어떻습니까?

怎么样?

Zěnmeyàng

전머양

동감입니다.

我也有同感。

Wǒ yě yǒu tónggǎn

워 예 여우 통간

다른 의견은 없습니다.

我没有别的意见。

Wǒ méiyǒu biéde yìjiàn

워 메이여우 비에더 이찌엔

전적으로 동의합니다.

我完全同意。

Wǒ wánquán tóngyì

워 완취엔 통이

저는 동의할 수 없습니다.

我不能同意。

Wǒ bùnéng tóngyì

워 뿌넝 통이

20 대화 다시듣기

A: 제 의견에 동의합니까?

B: 동의합니다.

58

Unit
21

📢 자기소개 표현

개인 신상에 대해 말할 때

Mini Talk

A: 请问, 你今年多大了?

Qǐngwèn, nǐ jīnnián duōdà le

칭원, 니 찐니엔 뚜어따 러

말씀 좀 여쭐게요, 올해 몇이세요?

B: 我今年三十五岁了。

Wǒ jīnián sānshíwǔ suì le

워 찐니엔 싼스우 쑤이 러

저는 올해 서른다섯 살입니다.

Check Point!

중국에서는 우리와는 달리 만으로 나이를 계산합니다. 이것을 周岁 (zhōusuì)라고 합니다. 물론 예전에는 우리처럼 태어나면서 바로 1살이 되었는데 이것을 虚岁(xūsuì)라고 합니다. 상대에게 나이를 물을 때는 你多大了 (Nǐ duō dà le)?나 你多大年纪(Nǐ duōdàniánjì)?라고 합니다. 또한 你几岁 (Nǐ jǐ suì)?는 어린아이에게 나이를 물을 때 쓰는 표현입니다.

어디 분이세요?

你是哪里人?

Nǐ shì nǎli rén
니 쓰 나리 런

어느 나라 분이세요?

你是哪国人?

Nǐ shì nǎ guórén
니 쓰 나 궈런

전 한국에서 왔습니다.

我是从韩国来的。

Wǒ shì cóng Hánguó lái de
워 쓰 총 한궈 라이 더

몇 살이에요?

你多大了?

Nǐ duōdà le
니 뚜어따 러

몇 년생이세요?

你是哪一年出生的?

Nǐ shì nǎ yìnián chūshēng de
니 쓰 나 이니엔 추썽 더

어디 사세요?

你住在哪儿?

Nǐ zhù zài nǎr
니 쭈 짜이 날

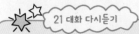
21 대화 다시듣기

A: 말씀 좀 여쭐게요, 올해 몇이세요? ☐ ☐ ☐
B: 저는 올해 서른 다섯 살입니다.

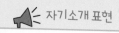
자기소개 표현

Unit 22

가족에 대해 말할 때

Mini Talk

A: 你家有几口人?

Nǐ jiā yǒu jǐkǒu rén

니 찌아 여우 지커우 런

가족이 몇 분이세요?

B: 我家有四口人。

Wǒ jiā yǒu sì kǒu rén

워 찌아 여우 쓰 커우 런

4식구입니다.

Check Point!

중국은 인구의 급격한 팽창을 억제하기 위해 '한 가정 한 자녀 정책'을 시행하고 있습니다. 도시에 거주하는 가정은 대부분 자녀가 한 명뿐이라 이런 아이들은 '소황제' 즉 小皇帝(xiǎo huángdì)라고 불릴 만큼 가족들의 사랑을 독차지하며 자랍니다. 이런 외둥이들이 성인이 되어 결혼하면 자녀를 두 명까지 낳을 수 있도록 배려해줍니다.

가족은 몇 분이나 되세요?

请问，你家有几口人?

Qǐngwèn, nǐ jiā yǒu jǐkǒu rén

칭원, 니 찌아 여우 지커우 런

가족이 누구누구세요?

你家都有什么人?

Nǐ jiā dōu yǒu shénme rén

니 찌아 떠우 여우 션머 런

아이들은 몇 명이나 되세요?

你有几个孩子?

Nǐ yǒu jǐgè háizi

니 여우 지꺼 하이즈

난 독자예요. 당신은요?

我是独生子，你呢?

Wǒ shì dúshēngzǐ, nǐ ne

워 쓰 두셩즈, 니 너

부모님과 함께 사세요?

跟父母一起住吗?

Gēn fùmǔ yìqǐ zhù ma

껀 푸무 이치 쭈 마

형제가 몇 분이세요?

有几个兄弟?

Yǒu jǐgè xiōngdì

여우 지꺼 씨옹띠

22 대화 다시듣기

☐ ☐ ☐

A: 가족이 몇 분이세요?

B: 4식구입니다.

Unit 23

자기소개 표현

학교에 대해 말할 때

Mini Talk

A: 你是学生吧?
Nǐ shì xuéshēng ba
니 쓰 쉬에셩 바
당신은 학생입니까?

B: 不是, 我是公司职员。
Búshì, wǒ shì gōngsī zhíyuán
부쓰, 워 쓰 꽁쓰 즈위엔
아닙니다, 저는 회사원입니다.

Check Point!

초등학교(小学 xiǎoxué)와 중학교(初中 chūzhōng)의 학제는 '6, 3제'와 '5, 4제'를 위주로 합니다. 고등학교(普通高中 pǔtōnggāozhōng)의 학제는 3년이며, 대학의 본과 학제는 일반적으로 4년이고 일부 이공대학은 5년이며, 의과대학은 5년과 7년 두 종류의 학제가 있습니다. 대학원의 학제는 2, 3년인데 석사 연구생의 수업 기한은 2, 3년입니다.

어느 학교에 다녀요?

请问，你在哪个学校上学?

Qǐngwèn, nǐ zài nǎge xuéxiào shàngxué

칭원, 니 짜이 나거 쉬에쌰오 쌍쉬에

대학생이에요?

你是大学生吗?

Nǐ shì dàxuéshēng ma

니 쓰 따쉬에셩 마

몇 학년이에요?

你几年级?

Nǐ jǐ niánjí

니 지 니엔지

대학교 3학년입니다.

我是大学三年级的。

Wǒ shì dàxué sān niánjí de

워 쓰 따쉬에 싼 니엔지 더

전공이 뭐죠?

你是哪个专业的?

Nǐ shì nǎge zhuānyè de

니 쓰 나거 쭈안예 더

어느 학교를 졸업하셨어요?

你是哪个学校毕业的?

Nǐ shì nǎge xuéxiào biyè de

니 쓰 나거 쉬에쌰오 삐예 더

23 대화 다시듣기

A: 당신은 학생입니까?

B: 아닙니다, 저는 회사원입니다.

64

 자기소개 표현

Unit 24

학교생활에 대해 말할 때

 Mini Talk

A: 你今天有几门课?

Nǐ jīntiān yǒu jǐ ménkè

니 찐티엔 여우 지 먼커

오늘 수업이 몇 과목이죠?

B: 有四门课, 下午两点下课。

Yǒu sì ménkè, xiàwǔ liǎngdiǎn xiàkè

여우 쓰 먼커, 씨아우 량디엔 씨아커

4과목이요, 오후 2시에 끝나요.

 Check Point!

수업을 课(kè), '수업을 하다'를 上课(shàngkè)라고 합니다. 课(kè)는 상황에 따라 '과목'에 해당하며 '회화수업'을 口语课(kǒuyǔkè), 작문수업을 写作课(xiězuòkè)라고 합니다. 선생님이 학생들을 学生(xuéshēng)이라고 부르지 않고 '함께 배운다'는 의미의 同学(tóngxué)라고 합니다. 수업량이 많고 학점관리도 엄격한 편이어서 학생들이 열심히 공부해야 합니다.

중국어를 얼마나 배우셨어요?

你学汉语学多久了?

Nǐ xué hànyǔ xué duōjiǔ le
니 쉬에 한위 쉬에 뚜어지우 러

아르바이트는 하나요?

你正在打工吗?

Nǐ zhèngzài dǎgōng ma
니 쩡짜이 다꽁 마

어떤 동아리 활동을 하나요?

你加入什么社团?

Nǐ jiārù shénme shètuán
니 찌아루 션머 셔투안

수업은 아침 몇 시에 시작해요?

早晨几点开始上课?

Zǎochén jǐdiǎn kāishǐ shàngkè
자오천 지디엔 카이스 쌍커

몇 시에 수업이 끝나요?

你几点下课?

Nǐ jǐdiǎn xiàkè
니 지디엔 씨아커

선생님, 질문이 있습니다.

老师，我有一个问题。

Lǎoshī, wǒ yǒu yígè wèntí
라오쓰, 워 여우 이꺼 원티

 24 대화 다시듣기

A: 오늘 수업이 몇 과목이죠?　　□ □ □

B: 4과목이요, 오후 2시에 끝나요.

66

자기소개 표현

Unit 25

직장에 대해 말할 때

Mini Talk

A: 你在哪儿工作?

Nǐ zài nǎr gōngzuò

니 짜이 날 꽁쭈어

어디에서 일하세요?

B: 我在银行工作。

Wǒ zài yínháng gōngzuò

워 짜이 인항 꽁쭈어

은행에 근무합니다.

Check Point!

개혁개방을 실시한 후 철밥그릇(铁饭碗 tiěfànwǎn 직장 잃을 염려가 없는 안정된 직장을 의미)으로 통하던 국영기업체들이 민영화되고 국가가 취업을 보장해주지 않으면서 중국은 심각한 실업문제로 고심하고 있습니다. 젊은이들의 취업난도 심각해서 졸업 철이 다가오면 예비졸업생들이 졸업논문과 취업문제로 고민하는 모습을 볼 수 있습니다.

어느 회사에 근무하세요?

你在哪个公司工作?

Nǐ zài nǎge gōngsī gōngzuò
니 짜이 나거 꽁쓰 꽁쭈어

회사에서 어떤 업무를 담당하세요?

你在公司担任什么工作?

Nǐ zài gōngsī dānrèn shénme gōngzuò
니 짜이 꽁쓰 딴런 션머 꽁쭈어

평소에 어떻게 출근하세요?

你平时怎么上班?

Nǐ píngshí zěnme shàngbān
니 핑스 전머 쌍빤

출근할 때 시간이 얼마나 걸려요?

上班时需要多长时间?

Shàngbān shí xūyào duōcháng shíjiān
쌍빤 스 쒸야오 뚜어창 스찌엔

지금 근무하는 곳은 어디에요?

你现在上班的地方是哪儿?

Nǐ xiànzài shàngbān de dìfāng shì nǎr
니 시엔짜이 쌍빤 더 띠팡 쓰 날

하루에 몇 시간씩 일하세요?

一天工作几个小时?

Yìtiān gōngzuò jǐge xiǎoshí
이티엔 꽁쭈어 지거 샤오스

 25 대화 다시듣기

A: 어디에서 일하세요?　　　　　□ □ □

B: 은행에 근무합니다.

자기소개 표현

Unit 26

직장생활에 대해 말할 때

Mini Talk

A: 你这几天是不是很忙?

Nǐ zhèjǐtiān shibushì hěn máng

니 쩌지티엔 쓰부쓰 헌 망

요즘 많이 바쁘신가 봐요?

B: 啊, 这几天公司总加班, 有点儿忙。

Ā, zhèjǐtiān gōngsī zǒng jiābān, yǒudiǎnr máng

아, 쩌지티엔 꽁쓰 종 찌아빤, 여우디알 망

아이고, 요즘 회사에서
야근을 자주해서 조금 바빠요.

Check Point!

'샐러리맨'을 工薪族(gōngxīnzú)라고 합니다. 직장인들이 가장 관심을 갖는 것이 '연봉'은 年薪(niánxīn)이라고 합니다. 연봉 이외에 '보너스'는 奖金(jiǎngjīn), 수당은 补贴(bǔtiē)라고 합니다. 중국인들은 처음 만난 사람에게 연봉이나 가정의 수입을 구체적으로 묻는 사람이 많은데 그만큼 재테크에 관심이 많기 때문입니다.

오늘 저는 야근해야 해요.

今天我要加班。

Jīntiān wǒ yào jiābān
찐티엔 워 야오 찌아빤

이번 휴가는 며칠이에요?

这次你休几天?

Zhècì nǐ xiū jǐtiān
쩌츠 니 씨우 지티엔

오늘도 잔업하세요?

今天又加班吗?

Jīntiān yòu jiābān ma
찐티엔 여우 찌아빤 마

잠시 휴식합시다.

暂时休息吧。

Zànshí xiūxī ba
짠스 씨우씨 바

다 했어요?

你做完了吗?

Nǐ zuò wán le ma
니 쭈어 완 러 마

아직 다 못했어요.

我还没做完。

Wǒ hái méi zuò wán
워 하이 메이 쭈어 완

26 대화 다시듣기

A: 요즘 많이 바쁘신가 봐요? □ □ □

B: 아이고, 요즘 회사에서 야근을 자주해서 조금 바빠요.

70

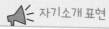
자기소개 표현

Unit
27

직업에 대해 말할 때

Mini Talk

A: 我是做生意的。
Wǒ shì zuò shēngyì de
워 쓰 쭈어 셩이 더

저는 장사를 하는 사람입니다.

B: 是吗? 最近买卖怎么样啊?
Shìma? Zuìjìn mǎimài zěnmeyàng a
쓰마? 쭈이찐 마이마이 전머양 아

그렇습니까? 요즘 장사는 어때요?

Check Point!

직업선택의 기준은 무엇보다도 돈입니다. 그래서 급여수준이 높은 합자회사, 연안해안도시(심천, 주해, 광주 등)로 고급인력이 모이며, 고급인력이 아니더라도 영어, 일어 가능자라면 여행 가이드가 되어 팁(小费)과 환전 대행 등으로 고수입자가 될 수 있습니다. 학력의 구분 없이 택시기사가 되면 비교적 높은 수입을 올릴 수 있으며 실제로 중국의 택시기사는 고소득자로 분류되기도 합니다.

어떤 일을 하세요?

你是做什么工作的?

Nǐ shì zuò shénme gōngzuò de

니 쓰 쭈어 션머 꽁쭈어 더

직업이 어떻게 되세요?

你的职业是什么?

Nǐ de zhíyè shì shénme

니 더 즈예 쓰 션머

어디서 일하세요?

你在哪儿工作?

Nǐ zài nǎr gōngzuò

니 짜이 날 꽁쭈어

전 자영업자입니다.

我是个个体营业者。

Wǒ shì gè gètǐ yíngyèzhě

워 쓰 꺼 꺼티 잉예저

저는 무역을 하는 사람입니다.

我是做贸易的。

Wǒ shì zuò màoyì de

워 쓰 쭈어 마오이 더

저는 노동자입니다.

我是工人。

Wǒ shì gōngrén

워 쓰 꽁런

27 대화 다시듣기

☐ ☐ ☐

A: 저는 장사를 하는 사람입니다.

B: 그렇습니까? 요즘 장사는 어때요?

자기소개 표현

Unit 28

우정과 사랑에 대해 말할 때

Mini Talk

A: 他是你男朋友吗?

Tā shì nǐ nánpéngyou ma

타 쓰 니 난펑여우 마

그 남자가 남자친구니?

B: 我哪儿有男朋友啊。

Wǒ nǎr yǒu nánpéngyou a

워 날 여우 난펑여우 아

내가 남자친구가 어디 있어.

Check Point!

남녀 사이의 데이트를 约会(yuēhuì)라고 하는데 중국의 젊은이들은 데이트 방식은 대체로 우리와 다를 바가 없습니다. 만나서 함께 영화를 보러 가기도 하고 공원에 놀러 가기도 하며 즐겁게 식사를 하기도 합니다. 친구를 사귀는 것을 交朋友(jiāo péngyou)라고 하고 남녀가 사귀는 것을 交往 (jiāowǎng) 이라고 합니다. 또한 사랑한다고 말할 때는 我爱你(Wǒ ài nǐ)라고 합니다.

그는 제 친한 친구예요.

他是我的好朋友。

Tā shì wǒ de hǎo péngyou
타 쓰 워 더 하오 펑여우

우린 친한 친구잖아.

我们是好朋友。

Wǒmen shì hǎo péngyǒu
워먼 쓰 하오 펑여우

날 어떻게 생각해요?

你觉得我怎么样?

Nǐ juéde wǒ zěnmeyàng
니 쥐에더 워 전머양

너를 사랑해!

我爱你!

Wǒ ài nǐ
워 아이 니

사실 널 정말 사랑해.

说实话，我是真爱你。

Shuō shíhuà, wǒ shì zhēn ài nǐ
쑤어 스화, 워 쓰 쩐 아이 니

널 무척 좋아해.

我非常喜欢你。

Wǒ fēicháng xǐhuan nǐ
워 페이창 시환 니

28 대화 다시듣기

☐ ☐ ☐

A: 그 남자가 남자친구니?
B: 내가 남자친구가 어디 있어.

74

결혼에 대해 말할 때

Mini Talk

A: 你们俩怎么认识的?

Nǐmenliǎ zěnme rènshi de

니먼리아 전머 런스 더

두 분은 어떻게 만나셨어요?

B: 是朋友介绍的。

Shì péngyou jièshào de

쓰 펑여우 찌에쌰오 더

친구가 소개해줬어요.

Check Point!

중국의 결혼식은 대형식당이나 호텔을 빌려 치릅니다. 결혼식을 올리기 전에 신랑과 신부를 태운 자동차가 도착하면 폭죽을 터트리는 풍습이 있습니다. 결혼식은 주례가 없고 양가 부모님께 인사하고 인사말을 건넨 후 신랑과 신부가 손님이 앉아 있는 자리를 돌며 술을 권하며 인사하곤 합니다. 결혼했냐고 물어볼 때는 你成家了吗(Nǐ chéngjiā le ma)?라고 합니다.

결혼하셨어요?

你成家了吗?

Nǐ chéngjiā le ma

니 청찌아 러 마

결혼한 지 얼마나 됐어요?

你们结婚多长时间了?

Nǐmen jiéhūn duōcháng shíjiān le

니먼 지에훈 뚜어창 스찌엔 러

저희 결혼식에 와주세요.

请你参加我们的婚礼。

Qǐng nǐ cānjiā wǒmen de hūnlǐ

칭 니 찬찌아 워먼 더 훈리

신혼여행은 어디로 가세요?

你们去哪儿度蜜月呢?

Nǐmen qùnǎr dù mìyuè ne

니먼 취날 뚜 미위에 너

저 이번에 결혼해요.

我要结婚了。

Wǒ yào jiéhūn le

워 야오 지에훈 러

난 이미 결혼했어요.

我已经结婚了。

Wǒ yǐjīng jiéhūn le

워 이찡 지에훈 러

 29 대화 다시듣기

☐ ☐ ☐

A: 두 분은 어떻게 만나셨어요?

B: 친구가 소개해줬어요.

 자기소개 표현

Unit 30

중국 생활에 대해 말할 때

Mini Talk

A: **在中国生活, 饮食方面习惯吗?**

Zài Zhōngguó shēnghuó, yǐnshí fāngmiàn xíguàn ma

짜이 쭝궈 셩훠, 인스 팡미엔 시꽌 마

중국 생활하면서 음식은 입에 맞나요?

B: **我原来就喜欢吃中国菜。**

Wǒ yuánlái jiù xǐhuan chī Zhōngguócài

워 위엔라이 찌우 시환 츠 쭝궈차이

전 원래 중국음식을 좋아해요.

Check Point!

중국과 수교한 이후 중국에 거주하는 한국 교민은 갈수록 증가하고 있습니다. 베이징의 望京(Wàngjīng) 지역은 '작은 한국'이라고 할 만큼 한국 교민이 많이 사는데 이곳에서는 중국어를 하지 않아도 생활에 불편이 없을 정도입니다. 유학생들도 중국에서 학업을 마친 후 현지에 남아 한국계 회사에 취업하거나 외국회사에 입사해서 정착하는 비율이 늘어나고 있습니다.

중국엔 언제 오셨어요?

你是什么时候来中国的?

Nǐ shì shénmeshíhòu lái Zhōngguó de

니 쓰 션머스허우 라이 쯍궈 더

중국에서는 어떻게 지내세요?

在中国，过得怎么样?

Zài Zhōngguó, guò de zěnmeyàng

짜이 쯍궈, 꿔 더 전머양

중국 생활은 어떠세요?

在中国生活怎么样?

Zài Zhōngguó shēnghuó zěnmeyàng

짜이 쯍궈 셩휘 전머양

몇 년도에 중국에 왔어요?

你是哪一年到中国的?

Nǐ shì nǎ yìnián dào Zhōngguó de

니 쓰 나 이니엔 따오 쯍궈 더

베이징에 얼마나 사셨어요?

你在北京住了多久了?

Nǐ zài Běijīng zhùle duōjiǔ le

니 짜이 베이찡 쮸러 뚜어지우 러

중국 생활하면서 음식은 입에 맞나요?

在中国生活，饮食方面习惯吗?

Zài Zhōngguó shēnghuó, yǐnshí fāngmiàn xíguàn ma

짜이 쯍궈 셩휘, 인스 팡미엔 시꽌 마

30 대화 다시듣기

A: 중국 생활하면서 음식은 입에 맞나요?　□ □ □

B: 전 원래 중국음식을 좋아해요.

감정표현

Unit
31

축하할 때

Mini Talk

A: 祝贺你!
Zhùhè nǐ
쭈허 니
축하해요.

B: 谢谢。
Xièxie
씨에시에
고마워요.

Check Point!

좋은 일이 있을 때는 당연히 축하해야겠죠. 상대방을 축하할 때는 보통 祝贺你(Zhùhè nǐ)라고 합니다. 또한 축하할 일에 있으면 문장 앞에 祝(zhù)를 붙여 말하는데 이 祝는 '축하한다'는 의미와 '~하기를 기원한다'라는 의미를 나타냅니다. 또한 恭喜(gōngxǐ)라는 표현도 많이 사용하는데, 이 표현은 중첩하여 恭喜恭喜 (Gōngxǐ gōngxǐ)로도 사용합니다.

축하드립니다.

祝贺你。

Zhùhè nǐ
쭈허 니

축하합니다.

恭喜。 / 恭喜恭喜。

Gōngxǐ   Gōngxǐ gōngxǐ
꽁시   꽁시 꽁시

저도 축하드립니다.

同喜，同喜!

Tóngxǐ, tóngxǐ
통시, 통시

생일 축하합니다.

祝你生日快乐。

Zhù nǐ shēngrì kuàilè
쭈 니 셩르 콰이러

졸업을 축하합니다.

恭喜你毕业了。

Gōngxǐ nǐ bìyè le
꽁시 니 삐예 러

취업을 축하드립니다.

恭喜你找到工作了。

Gōngxǐ nǐ zhǎodào gōngzuò le
꽁시 니 자오따오 꽁쭈어 러

31 대화 다시듣기

A: 축하해요.

B: 고마워요.

☐ ☐ ☐

80

Unit 32

감정표현

환영할 때

Mini Talk

A: 你们好, 初次见面。

Nǐmen hǎo, chūcì jiànmiàn

니먼 하오, 추츠 찌엔미엔

안녕하세요, 처음 뵙겠습니다.

B: 欢迎欢迎, 快请进。

Huānyíng huānyíng, kuài qǐng jìn

환잉 환잉, 콰이 칭 찐

어서 오세요, 들어오세요.

Check Point!

음식점이나 상점에 들어가면 직원들이 欢迎光临(Huānyíng guānglín)! 이라고 인사하는데 '어서 오세요'의 뜻입니다. 집을 방문한 손님에게도 같은 표현을 쓸 수 있는데 이때는 '환영합니다'라는 뜻의 欢迎(huānyíng)을 반복해서 欢迎欢迎(Huānyíng huānyíng)!이라고 하며, 문장 앞에 欢迎(huānyíng)을 덧붙이면 '~한 것을 환영합니다'라는 의미가 됩니다.

환영합니다!

欢迎欢迎!

Huānyíng huānyíng
환잉 환잉

어서오세요!

欢迎光临!

Huānyíng guānglín
환잉 꽝린

와 주셔서 감사합니다.

谢谢您的光临。

Xièxie nín de guānglín
씨에시에 닌 더 꽝린

박수로 환영합니다.

我们鼓掌欢迎。

Wǒmen gǔzhǎng huānyíng
워먼 구장 환잉

한국에 오신 것을 환영합니다.

欢迎你来韩国访问。

Huānyíng nǐ lái Hánguó fǎngwèn
환잉 니 라이 한궈 팡원

다음에 또 오세요!

欢迎下次再来!

Huānyíng xiàcì zài lái
환잉 시아츠 짜이 라이

32 대화 다시듣기

A: 안녕하세요, 처음 뵙겠습니다. ☐ ☐ ☐

B: 어서 오세요, 들어오세요.

Unit 33 감정표현

행운을 빌 때

Mini Talk

A: 新年到了, 新的一年开始了。

Xīnnián dào le, xīn de yìnián kāishǐ le

씬니엔 따오 러, 씬 더 이니엔 카이스 러

새해가 밝았네요. 새로운 한 해가 시작됐어요.

B: 万事如意, 恭喜发财!

Wànshì rúyì, gōngxǐ fācái

완쓰 루이, 꽁시 파차이

만사형통하시고 부자 되세요!

Check Point!

祝(zhù)는 '축하(祝贺zhùhè)한다'는 의미와 '~하기를 기원한다(祝愿 zhùyuàn)'라는 의미를 나타냅니다. 따라서 문장 앞에 祝(zhù)를 붙이면 축원하는 의미의 문장이 됩니다. 상대방에게 축하할 일이 있거나 헤어질 때 이런 축원의 뜻이 담긴 말을 전합니다. 또 설이나 생일 등 명절이나 기념일에도 덕담의 의미가 담긴 축하의 말을 주고받습니다.

행복하시길 빕니다.

祝你们生活幸福!

Zhù nǐmen shēnghuó xìngfú

쭈 니먼 셩휘 씽푸

성공을 빌겠습니다.

祝你成功。

Zhù nǐ chénggōng

쭈 니 청꽁

잘되길 바랍니다.

祝你一切顺利。

Zhù nǐ yíqiè shùnlì

쭈 니 이치에 쑨리

행운이 있기를 바랍니다.

祝你好运。

Zhù nǐ hǎoyùn

쭈 니 하오윈

새해 복많이 받으십시오.

新年快乐。

Xīnnián kuàilè

씬니엔 콰이러

부자 되세요!

恭喜发财!

Gōngxǐ fācái

꽁시 파차이

33 대화 다시듣기

A: 새해가 밝았네요. 새로운 한 해가 시작됐어요.

B: 만사형통하시고 부자 되세요!

감정표현

Unit
34

기쁘거나 즐거울 때

Mini Talk

A: **好玩儿吗?**

Hǎo wánr ma

하오 왈 마

재미있었어요?

B: **玩儿得很痛快!**

Wánr de hěn tòngkuài

왈 더 헌 통콰이

정말 재미있었어요.

Check Point!

'기쁘다, 즐겁다'의 표현에는 대표적으로 高兴(gāoxìng), 开心(kāixīn) 등이 사용되며, 그 정도가 매우 대단함을 나타낼 때는 모두 잘 알고 있는 很(hěn), 好(hǎo), 真(zhēn), 太(tài) 등의 부사어를 앞에 붙여 자신의 기쁜 마음을 표현할 수 있습니다. 또한 유쾌하거나 상쾌한 기분은 愉快(yúkuài)나 痛快(tòngkuài)로 표현할 수 있습니다.

만세!

万岁!

Wànsuì

완쑤이

정말 기분 좋아요.

我真高兴。

Wǒ zhēn gāoxìng

워 쩐 까오씽

너무 행복해요.

我太幸福了。

Wǒ tài xìngfú le

워 타이 싱푸 러

오늘 무척 기뻐요.

今天我很高兴。

Jīntiān wǒ hěn gāoxìng

찐티엔 워 헌 까오씽

오늘 아주 신나게 놀았어요.

今天玩儿得很愉快。

Jīntiān wánr de hěn yúkuài

찐티엔 왈 더 헌 위콰이

만족해요.

我很满意。

Wǒ hěn mǎnyì

워 헌 만이

34 대화 다시듣기

A: 재미있었어요? □ □ □

B: 정말 재미있었어요.

86

Unit 35

감정표현

감탄하거나 칭찬할 때

Mini Talk

A: 你说汉语说得真好。

Nǐ shuō Hànyǔ shuō de zhēn hǎo

니 쑤어 한위 쑤어 더 쩐 하오

중국어를 정말 잘하시네요.

B: 你过奖了, 还差得远啊。

Nǐ guòjiǎng le, hái chà de yuǎn a

니 꿔지앙 러, 하이 차 더 위엔 아

과찬이세요, 아직 부족한걸요.

Check Point!

대인관계를 원만히 하기 위해서는 무엇보다도 상대방을 칭찬하는 것 이상으로 기분 좋게 하는 것은 없습니다. 여기서는 상대방의 장점이나 성품, 능력, 외모 등을 적절하게 말할 수 있도록 표현을 익혀둡시다. 또한, 중국어에서는 특히 很(hěn), 太(tài), 真(zhēn) 등을 덧붙여서 강조를 하여 칭찬하는 것이 좋습니다. 특히 真棒(Zhēn bàng)!은 칭찬할 때 많이 쓰이는 말입니다.

대단해요!

真棒!

Zhēn bàng

쩐 빵

멋지네요!

太壮观了!

Tài zhuàngguān le

타이 주앙꽌 러

너무 재미있네요!

真有意思!

Zhēn yǒuyìsi

쩐 여우이쓰

너무 맛있네요!

太好吃了!

Tài hǎochī le

타이 하오츠 러

정말 잘했어요.

你干得真好。

Nǐ gàn de zhēn hǎo

니 깐 더 쩐 하오

정말 대단하네요.

你真了不起!

Nǐ zhēn liǎobuqǐ

니 쩐 랴오부치

35 대화 다시듣기

□ □ □

A: 중국어를 정말 잘하시네요.

B: 과찬이세요, 아직 부족한걸요.

감정표현

Unit 36

후회하거나 실망할 때

💬 Mini Talk

A: 这次又失败了, 真惭愧。

Zhècì yòu shībài le, zhēn cánkuì

쩌츠 여우 쓰빠이 러, 쩐 찬쿠이

이번에도 실패했어요, 정말 부끄러워요.

B: 别太失望了, 还会有机会的。

Bié tài shīwàng le, hái huì yǒu jīhuì de

비에 타이 쓰왕 러, 하이 훼이

여우 찌후이 더

너무 실망하지 말아요,

또 기회가 있을 거예요.

 Check Point!

'늦었다고 후회할 때가 가장 빠른 때이다'라는 말이 있습니다. 이는 후회를 하기에 앞서 잘못을 바로잡아 새롭게 시작하면 얼마든지 다시 잘될 수 있다는 것을 강조하는 말입니다. 亡羊补牢(wángyángbǔláo 소 잃고 외양간 고친다)는 우둔함을 탓하는 것보다는 이제라도 그 잘못을 바로잡아 그와 같은 어리석음을 범하지 말아야 한다는 것을 말합니다.

정말 실망이에요.

真让人失望。

Zhēn ràng rén shīwàng
쩐 랑 런 쓰왕

후회가 막심해요.

真是后悔莫及啊。

Zhēnshì hòuhuǐ mòjí a
쩐쓰 허우후이 모어지 아

이젠 너무 늦었어요.

现在已经太晚了。

Xiànzài yǐjīng tài wǎn le
씨엔짜이 이찡 타이 완 러

당신한테 너무 실망했어요.

我对你太失望了。

Wǒ duì nǐ tài shīwàng le
워 뚜이 니 타이 쓰왕 러

낙담하지 말아요.

不要气馁。

Búyào qìněi
부야오 치네이

실망하지 마세요.

别失望。

Bié shīwàng
비에 쓰왕

☆ **36 대화 다시듣기** ☐ ☐ ☐

A: 이번에도 실패했어요, 정말 부끄러워요.

B: 너무 실망하지 말아요, 또 기회가 있을 거예요.

Unit
37

감정표현

화날 때

Mini Talk

A: 请你不要惹我生气。

Qǐng nǐ búyào rě wǒ shēngqì

칭 니 부야오 르어 워 셩치

날 화나게 하지 마세요.

B: 你怎么向我发脾气?

Nǐ zěnme xiàng wǒ fāpíqi

니 전머 씨앙 워 파피치

왜 오히려 저한테 화를 내세요?

Check Point!

중국어로 기분이 안 좋을 때는 不高兴(bù gāoxìng), 心情不好(xīnqíng bù hǎo) 등으로 표현할 수 있습니다. 화가 났을 때는 生气(shēngqì)라는 표현을 이용하는데 我生气了(Wǒ shēngqì le)라고 하면 '나 화났어요'의 의미가 됩니다. 그런데 '내게 화내지 마세요'라고 하려면 别生我的气(Bié shēng wǒ de qì)라고 합니다.

91

정말 열 받네!

真气人!

Zhēn qì rén

쩐 치 런

정말 화가 나 미치겠어!

真气死了!

Zhēn qì sǐ le

쩐 치 쓰 러

난 더 이상 못 참아.

我受够了。

Wǒ shòu gòu le

워 셔우 꺼우 러

아직도 나한테 화났어요?

你还生我的气吗?

Nǐ hái shēng wǒ de qì ma

니 하이 셩 워 더 치 마

화내지 마세요.

别生气了。

Bié shēngqì le

비에 셩치 러

화 좀 풀어요.

你消消气吧。

Nǐ xiāoxiaoqì ba

니 쌰오쌰오치 바

37 대화 다시듣기

□ □ □

A: 날 화나게 하지 마세요.

B: 왜 오히려 저한테 화를 내세요?

감정표현

Unit
38

슬프거나 외로울 때

 Mini Talk

A: 你到底怎么了?
Nǐ dàodǐ zěnme le
니 따오디 전머 러

도대체 무슨 일이니?

B: 昨天我们分手了, 心里真难受。
Zuótiān wǒmen fēnshǒu le, xīnli zhēn nánshòu
주어티엔 워먼 펀셔우 러, 씬리 쩐 난셔우

어제 우리 헤어지기로 했어.

마음이 힘드네.

 Check Point!

우리말의 '마음이 아프다, 괴롭다'라는 뜻으로 쓰이는 중국어로는 伤心 (shāngxīn), 难过(nánguò) 등이 있습니다. 어떤 일이나 사람 때문에 마음 이 상할 때는 피동의 표현 让(ràng)을 사용하여 这件事让我伤心(Zhè jiàn shì ràng wǒ shāngxīn)이라고 합니다. 상대가 슬퍼할 때는 不要伤心了(Bú yào shāngxīnle)라고 위로의 말을 건넬 수 있습니다.

슬퍼요.

我很悲哀。

Wǒ hěn bēi'āi
워 헌 뻬이아이

속상해서 울고 싶어요.

我伤心得要哭了。

Wǒ shāngxīn de yào kū le
워 쌍씬 더 야오 쿠 러

마음이 아프네요.

我心里很难受。

Wǒ xīnli hěn nánshòu
워 씬리 헌 난쎠우

정말 슬퍼요.

心里好难过。

Xīnli hǎo nánguò
씬리 하오 난꿔

외로워요.

很寂寞。

Hěn jìmò
헌 찌모어

너무 상심하지 마세요.

你不要太伤心吧。

Nǐ búyào tài shāngxīn ba
니 부야오 타이 쌍씬 바

38 대화 다시듣기

A: 도대체 무슨 일이니?

B: 어제 우리 헤어지기로 했어. 마음이 힘드네.

94

감정표현

Unit
39

놀랍거나 무서울 때

Mini Talk

A: 哟, 吓死了!

Yō, xià sǐ le

요, 씨아 쓰 러

아이, 깜짝이야!

B: 怎么样, 吓着了吧?

Zěnmeyàng, xiàzháo le ba

전머양, 씨아자오 러 바

어때, 놀랐지?

 Check Point!

놀라거나 무서울 때 '깜짝 놀라다'라는 중국어 표현에는 吓了一跳(Xià leyí tiào), 吓死我了(Xià sǐ wǒ le) 등이 많이 쓰입니다. 그리고 '너무 두렵다'라는 표현으로는 太恐怖了(Tàikǒngbù le)가 적합합니다. 이처럼 놀라거나 두려워하는 상대의 마음을 진정시킬 때는 镇静点儿(Zhènjìng diǎnr 진정하세요)라고 하면 됩니다.

맙소사!

我的天啊!

Wǒ de tiān a

워 더 티엔 아

오, 안 돼!

噢, 不行!

Ō, bùxíng

오, 뿌싱

아, 정말 끔찍해요!

唷, 真恐怖!

Yō, Zhēn kǒngbù

요, 쩐 콩뿌

놀랍군요!

真惊人!

Zhēn jīngrén

쩐 찡런

무서워요.

我害怕。

Wǒ hàipà

워 하이파

무서워하지 마요!

别怕, 不要怕!

Bié pà, búyào pà

비에 파, 부야오 파

39 대화 다시듣기

A: 아이, 깜짝이야!

B: 어때, 놀랐지?

□ □ □

Unit
40

감정표현

좋아하거나 싫어할 때

Mini Talk

A: 你喜欢看什么类型的电影?

Nǐ xǐhuan kàn shénme lèixíng de diànyǐng

니 시환 칸 션머 레이싱 더 띠엔잉

어떤 영화를 좋아하세요?

B: 我喜欢功夫片。

Wǒ xǐhuan gōngfupiàn

워 시환 꽁푸피엔

무술영화를 좋아해요.

Check Point!

상대에게 어떤 것을 좋아하는지 알고 싶을 때는 你喜欢什么~(nǐ xǐ huan shénme 어떤 ~를 좋아하세요?)라는 표현을 사용합니다. 자신이 좋아하는 것을 말할 때는 我喜欢~(wǒ xǐ huān 나는 ~을 좋아합니다), 반대로 싫어한 다고 말할 때는 我不喜欢~(wǒ bù xǐhuān 나는 ~을 싫어합니다), 또는 我讨 厌~(wǒ tǎoyàn)라고 표현합니다.

어떤 운동을 좋아해요?

你喜欢什么运动?

Nǐ xǐhuan shénme yùndòng

니 시환 션머 윈똥

어떤 계절을 좋아하세요?

你喜欢什么季节?

Nǐ xǐhuan shénme jìjié

니 시환 션머 찌지에

전 음악 듣는 걸 좋아해요.

我喜欢听音乐。

Wǒ xǐhuan tīng yīnyuè

워 시환 팅 인위에

전 운동에 흥미가 없어요.

我对运动不感兴趣。

Wǒ duì yùndòng bù gǎnxìngqù

워 뚜이 윈똥 뿌 간씽취

난 그이를 좋아하지 않아요.

我不喜欢他。

Wǒ bù xǐhuan tā

워 뿌 시환 타

난 춤추는 걸 무척 싫어해요.

我最讨厌跳舞。

Wǒ zuì tǎoyàn tiàowǔ

워 쭈이 타오이엔 탸오우

40 대화 다시듣기

A: 어떤 영화를 좋아하세요? ☐ ☐ ☐

B: 무술영화를 좋아해요.

Unit
41

화제표현

건강에 대해 말할 때

Mini Talk

A: 最近你身体好吗?
Zuìjìn nǐ shēntǐ hǎo ma
쭈이찐 니 션티 하오 마
요즘 건강은 어떠세요?

B: 还行。
Hái xíng
하이 싱
괜찮습니다.

Check Point!

중국인들도 건강에 대한 관심이 높아 특별히 아픈 곳이 없어도 몸에 좋은 약을 찾아 먹는 사람들이 많습니다. 이런 보약을 补药(bǔyào)라고 합니다. 또 예부터 人参(rénshēn 인삼)이 몸에 좋다고 믿어 한국을 방문한 중국인들이 인삼이나 홍삼제품을 많이 구입합니다. 건강을 위해 운동하는 것을 锻炼身体(duànliàn shēntie)라고 합니다.

건강은 어떠세요?

你身体好吗?

Nǐ shēntǐ hǎo ma
니 션티 하오 마

안색이 안 좋아 보여요.

我看你脸色不好。

Wǒ kàn nǐ liǎnsè bùhǎo
워 칸 니 리엔써 뿌하오

요 며칠 몸이 좋지 않아요.

这几天身体不太舒服。

Zhè jǐtiān shēntǐ bú tài shūfu
쩌 지티엔 션티 부 타이 쑤푸

건강보다 중요한 게 없어요.

没有比健康更重要的。

Méiyǒu bǐ jiànkāng gèng zhòngyào de
메이여우 비 찌엔캉 껑 쫑야오 더

좀 쉬도록 하세요.

休息休息吧。

Xiūxi xiūxi ba
씨우시 씨우시 바

빨리 건강을 회복하세요.

祝你早日恢复健康。

Zhù nǐ zǎorì huīfù jiànkāng
쭈 니 자오르 후이푸 찌엔캉

A: 요즘 건강은 어떠세요? ☐ ☐ ☐

B: 괜찮습니다.

100

화제표현

성격에 대해 말할 때

Mini Talk

A: 我看那个小伙子心眼儿不错。

Wǒ kàn nàge xiǎohuǒzi xīnyǎnr búcuò

워 칸 나거 샤오훠즈 씬이알 부추어

제가 보기엔 저 친구가 마음씨가 좋을 것 같아요.

B: 我也这么觉得。

Wǒ yě zhème juéde

워 예 쩌머 쥐에더

저도 그렇게 생각되어요.

Check Point!

사람의 성격은 性格(xìnggé)라고 합니다. 어떤 사람의 성격을 물을 땐 性格怎么样(Xìnggé zěnmeyàng)?이라고 하면 됩니다. 지역에 따라 사람의 성격이나 기질을 분류하기도 하는데 예를 들어 베이징 사람은 호방하고 체면을 중요하게 생각하는 반면 상하이 사람은 실리를 따지고 경제에 민감한 편입니다. 성격이 어떻냐고 물을 때는 ~性格怎么样(~xìnggé zěnmeyàng)?라고 합니다.

그이는 성격이 어때요?

他的性格怎么样?

Tā de xìnggé zěnmeyàng
타 더 씽거 전머양

제 성격은 약간 내성적이에요.

我的性格有点儿内向。

Wǒ de xìnggé yǒu diǎnr nèixiàng
워 더 씽거 여우 디알 네이썅

그녀의 성격은 정말 이상해요.

她的脾气真奇怪。

Tā de píqì zhēn qíguài
타 더 피치 쩐 치꽈이

저는 쾌활한 편입니다.

我这个人比较开朗。

Wǒ zhège rén bǐjiào kāilǎng
워 쩌거 런 비쨔오 카이랑

그는 뒤끝이 없는 사람이야.

他是个不记仇的人。

Tā shì ge bú jìchóu de rén
타 쓰 거 부 찌처우 더 런

넌 성격이 정말 까다롭구나.

你的性格可真乖僻呀。

Nǐ de xìnggé kě zhēn guāipì ya
니 더 씽거 커 쩐 꽈이피 야

42 대화 다시듣기

A: 제가 보기엔 저 친구가 마음씨가 좋을 것 같아요. ☐ ☐ ☐
B: 저도 그렇게 생각되어요.

102

화제표현

Unit
43

학습일 ／ □

태도에 대해 말할 때

Mini Talk

A: 他的为人怎么样?

Tā de wéirén zěnmeyàng

타 더 웨이런 전머양

그 사람 됨됨이는 어때요?

B: 他很老实, 工作也非常认真。

Tā hěn lǎoshi, gōngzuò yě fēicháng rènzhēn

타 헌 라오스, 꽁쭈어 예 페이창 런쩐

성실하고 일도 열심히 해요.

Check Point!

중국어는 높임말이 없고 호칭도 자유로운 편이라서 회사의 상사와 말단 직원도 마치 친구처럼 편하게 이야기합니다. 그래서 옆에서 보면 누가 상사인지 잘 구별하기 힘들 때도 있습니다. 하지만 그렇다고 무례하게 대하는 것은 아닙니다. '사람이 참 좋다'라고 됨됨이를 이야기할 때 他人很好(tā rén hěn hǎo) 또는 他为人很好(tā wéirén hěn hǎo)라고 합니다.

그 사람 됨됨이는 어때요?

他的为人怎么样?

Tā de wéirén zěnmeyàng

타 더 웨이런 전머양

모두 그 사람을 좋아해요.

大家都喜欢他。

Dàjiā dōu xǐhuan tā

따찌아 떠우 시환 타

저 사람은 정말 믿을만해요.

那个人真可靠。

Nàge rén zhēn kěkǎo

나거 런 쩐 커카오

그 사람은 대단히 성실해요.

他工作非常认真。

Tā gōngzuò fēicháng rènzhēn

타 꽁쭈어 페이창 런쩐

그 사람은 안하무인이야.

他目中无人。

Tā mùzhōngwúrén

타 무쫑우런

그 사람은 예의가 전혀 없는 사람이야.

他是一点儿也没有礼貌的人。

Tā shì yìdiǎnr yě méiyǒu lǐmào de rén

타 쓰 이디알 예 메이여우 리마오 더 런

43 대화 다시듣기

A: 그 사람 됨됨이는 어때요?

B: 성실하고 일도 열심히 해요.

104

Unit 44

📢 화제표현

외모에 대해 말할 때

Mini Talk

A: 你喜欢什么样的男人?

Nǐ xǐhuan shénmeyàng de nánrén

니 시환 션머양 더 난런

어떤 남자를 좋아하죠?

B: 我喜欢又高又帅,人品又好的男人。

Wǒ xǐhuan yòu gāo yòu shuài, rénpǐn yòu hǎo de nánrén

워 시환 여우 까오 여우 쑤아이,

런핀 여우 하오 더 난런

키 크고 잘생기고 인품도 좋은

남자가 좋아요.

Check Point!

중국인은 남에게 보이는 겉모습을 중요하게 생각하지 않고 다른 사람의 외모를 탓하거나 신경 쓰지도 않지만 경제력이 향상되고 취업경쟁이 치열해지면서 외모에 대한 관심이 높아지고 있습니다. 이에 대한 반증으로 성형수술과 패션이나 피부, 머리모양을 신경 쓰는 등 개인의 形象(xíngxiàng 이미지)을 개선하려는 노력을 하고 있습니다.

키가 어떻게 되죠?

你身高有多高?

Nǐ shēngāo yǒu duō gāo
니 션까오 여우 뚜어 까오

몸무게가 어떻게 되죠?

体重是多少?

Tǐzhòng shì duōshao
티쫑 쓰 뚜어샤오

정말 부러워요, 그렇게 날씬하다니!

真羡慕你，那么苗条!

Zhēn xiànmù nǐ, nàme miáotiao
쩐 씨엔무 니, 나머 먀오탸오

그녀는 정말 예쁘군요!

她真漂亮啊!

Tā zhēn piāoliàng a
타 쩐 퍄오량 아

그 사람은 어떻게 생겼어요?

他长得怎么样?

Tā zhǎng de zěnmeyàng
타 장 더 전머양

외모는 별로 중요하지 않아요.

外貌不怎么重要的。

Wàimào bù zěnme zhòngyào de
와이마오 뿌 전머 쫑야오 더

A: 어떤 남자를 좋아하죠?
B: 키 크고 잘생기고 인품도 좋은 남자가 좋아요.

106

 화제표현

Unit
45

패션에 대해 말할 때

Mini Talk

A: 这种款式适合我吗?
Zhè zhǒng kuǎnshì shìhé wǒ ma
쩌 종 콴쓰 쓰허 워 마

이런 스타일이 제게 어울리나요?

B: 还可以, 挺合适的。
Hái kěyǐ, tǐng héshì de
하이 커이, 팅 허쓰 더

괜찮아요, 아주 잘 어울려요.

Check Point!

중국 젊은이들도 유행에 민감하고 새로운 스타일을 찾아 한국에서 유행하는
패션이 그대로 옮겨가기도 합니다. 중국에 다녀올 일이 있다면 자신에게 잘
어울리는 전통의상인 唐裝(tángzhuāng)이나 旗袍(qípáo)를 구입하는 것
도 괜찮습니다. 우리나라의 개량한복과 비슷하지만 중국 전통의 문화가 살
아있어 개성 있는 옷차림을 연출할 수 있습니다.

이런 스타일이 제게 어울려요?

这种款式适合我吗?

Zhèzhǒng kuǎnshì shìhé wǒ ma

쩌종 콴쓰 쓰허 워 마

당신은 뭘 입어도 잘 어울리네요.

你穿什么都很合适。

Nǐ chuān shénme dōu hěn héshì

니 추안 션머 떠우 헌 허쓰

전 옷차림에 신경을 써요.

我穿衣服很讲究。

Wǒ chuān yīfu hěn jiǎngjiu

워 추안 이푸 헌 지앙지우

오늘 정말 멋진데요.

你今天真是太潇洒了。

Nǐ jīntiān zhēnshì tài xiāosǎ le

니 찐티엔 쩐스 타이 샤오싸 러

요즘은 어떤 스타일이 유행이죠?

最近流行什么样式的?

Zuìjìn liúxíng shénme yàngshì de

쭈이찐 리우싱 션머 양쓰 더

이게 지금 유행하는 패션입니다.

这是现在流行的时装。

Zhè shì xiànzài liúxíng de shízhuāng

쩌 쓰 씨엔짜이 리우싱 더 스쭈앙

45 대화 다시듣기

A: 이런 스타일이 제게 어울리나요?

B: 괜찮아요, 아주 잘 어울려요.

Unit 46

화제표현

시간에 대해 말할 때

Mini Talk

A: **请问, 现在几点?**
Qǐngwèn, xiànzài jǐ diǎn
칭원, 씨엔짜이 지 디엔
말씀 좀 여쭐게요, 지금 몇 시죠?

B: **差五分十二点。**
Chà wǔfēn shíèr diǎn
차 우펀 스얼 디엔
12시 5분 전입니다.

Check Point!

중국은 국토 면적이 넓지만 전국이 동일한 시간을 사용합니다. 한국보다 1시간 늦어 한국시간으로 오전 10시일 경우 중국시간으로는 오전 9시입니다. 중국인은 하루를 일찍 시작해서 학교도 첫 수업을 8시에 시작합니다. 그 대신 퇴근시간도 빨라 저녁 7시면 가족들이 모두 돌아와 함께 저녁을 먹습니다. 지금 몇 시인지를 물을 때는 现在几点(Xiànzài jǐ diǎn)?이라고 합니다.

지금 몇 시죠?

现在几点?

Xiànzài jǐ diǎn
씨엔짜이 지 디엔

몇 시에 출근하세요?

你几点上班?

Nǐ jǐ diǎn shàngbān
니 지 디엔 썅빤

언제 돌아오세요?

什么时候回来?

Shénmeshíhou huílái
션머스허우 후이라이

몇 시에 올 거예요?

你几点过来?

Nǐ jǐ diǎn guòlái?
니 지 디엔 꿔라이

시간이 얼마나 걸려요?

需要多长时间?

Xūyào duō cháng shíjiān
쒸야오 뚜어 창 스찌엔

시간 있으세요?

你有空吗?

Nǐ yǒu kòng ma
니 여우 콩 마

46 대화 다시듣기

☐ ☐ ☐

A: 말씀 좀 여쭐게요, 지금 몇 시죠?
B: 12시 5분 전입니다.

Unit 47

화제표현

날짜와 요일에 대해 말할 때

Mini Talk

A: 今天是几月几号?

Jīntiān shì jǐ yuè jǐ hào

찐티엔 스 지 위에 지 하오

오늘 몇 월 며칠이니?

B: 今天是十月一号。

Jīntiān shì shíyuè yīhào

찐티엔 스 스위에 이하오

오늘 10월 1일이야.

Check Point!

중국어로 시간이나 연월일을 물을 때 쓰이는 '몇'은 几(jǐ)로 사용을 하면 됩니다. 또한 年(nián)을 읽을 때는 일반적으로 숫자 하나하나를 읽어줍니다. '몇 월 며칠'을 말할 때는 几月几日(jǐ yuè jǐ rì) 혹은 几月几号(jǐ yuè jǐ hào) 라고 말하면 되는데 서면에서는 日라고 하고 말할 때는 号라고 합니다. 요일은 星期(xīngqī)라고 말합니다.

오늘은 며칠이죠?

今天几月几号?

Jīntiān jǐ yuè jǐ hào
찐티엔 지 위에 지 하오

오늘은 무슨 요일이에요?

今天星期几?

Jīntiān xīngqī jǐ
찐티엔 싱치 지

당신 생일은 몇 월 며칠이죠?

你的生日是几月几号?

Nǐ de shēngrì shì jǐ yuè jǐ hào
니 더 썽르 쓰 지 위에 지 하오

다음 주말에 시간 있어요?

下个周末你有空吗?

Xiàgè zhōumò nǐ yǒu kōng ma
씨아꺼 쩌우모어 니 여우 콩 마

몇 년도에 태어나셨어요?

你是哪一年出生的?

Nǐ shì nǎ yìnián chūshēng de
니 쓰 나 이니엔 추썽 더

오늘은 무슨 날이에요?

今天是什么日子?

Jīntiān shì shénme rìzi
찐티엔 쓰 션머 르즈

47 대화 다시듣기

A: 오늘 몇 월 며칠이니?　　　　□ □ □
B: 오늘 10월 1일이야.

112

Unit 48

날씨에 대해 말할 때

A: 你喜欢这种天气吗?

Nǐ xǐhuan zhèzhǒng tiānqì ma

니 시환 쩌종 티엔치 마

어떤 날씨를 좋아해요?

B: 我不太喜欢这种干燥的天气。

Wǒ bú tài xǐhuan zhèzhǒng gānzào de tiānqì

워 부 타이 시환 쩌종 깐짜오 더 티엔치

이런 건조한 날씨는 싫어요.

중국은 국토면적이 넓은 만큼 날씨와 기후도 다릅니다. '일기예보'를 天气预报(tiānqì yùbào)라고 하는데 중국 전체를 대략적인 지역으로 나누어 날씨를 설명합니다. 때때로 일기예보에서 말하는 지역이 한국 전체보다 훨씬 넓어 과연 일기예보가 맞을지 의심스러울 때도 있습니다. 봄철에 고원지방에서 불어오는 황사를 沙尘暴(shāchénbào)라고 합니다.

오늘 날씨 어때요?

今天天气怎么样?

Jīntiān tiānqì zěnmeyàng

찐티엔 티엔치 전머양

날씨 참 좋죠?

今天天气真好, 是吧?

Jīntiān tiānqì zhēnhǎo, shì ba

찐티엔 티엔치 쩐하오, 쓰 바

오늘 날씨는 정말 안 좋아요.

今天天气真不好。

Jīntiān tiānqì zhēn bùhǎo

찐티엔 티엔치 쩐 뿌하오

오늘은 비가 내릴까요?

今天有雨吗?

Jīntiān yǒu yǔ ma

찐티엔 여우 위 마

밖에 바람이 세차게 불어요.

外边刮大风呢。

Wàibiān guā dàfēng ne

와이삐엔 꽈 따펑 너

오늘 일기예보에선 뭐라던가요?

今天的天气预报怎么说?

Jīntiān de tiānqìyùbào zěnme shuō

찐티엔 더 티엔치위빠오 전머 쑤어

48 대화 다시듣기

A: 어떤 날씨를 좋아해요?

B: 이런 건조한 날씨는 싫어요.

□ □ □

114

Unit 49

계절에 대해 말할 때

Mini Talk

A: 你喜欢哪个季节?
Nǐ xǐhuān nǎge jìjié
니 시환 나거 찌지에

당신은 어느 계절을 좋아하세요?

B: 我喜欢秋天。
Wǒ xǐhuān qiūtiān
워 시환 치우티엔

전 가을을 좋아해요.

Check Point!

'1년4계'를 一年四季(yìniánsìjì)라고 합니다. 계절을 季节(jìjié)라고 하는데 회화에서 계절을 말할 때 '봄, 여름, 가을, 겨울'을 각각 春天(chūntiān), 夏天(xiàtiān), 秋天(qiūtiān), 冬天(dōngtiān)이라고 합니다. 중국은 면적이 넓어 지역에 따라 기후도 달라 북방지역으로 올라갈수록 겨울이 춥고 남방지역으로 내려가면 겨울이 없는 아열대기후도 있습니다.

115

당신은 어느 계절을 가장 좋아하세요?

你喜欢哪个季节?

Nǐ xǐhuan nǎge jìjié
니 시환 나거 찌지에

드디어 봄이 왔어요.

春天终于到了。

Chūntiān zhōngyú dào le
춘티엔 쭝위 따오 러

봄에는 날씨가 어때요?

春天天气怎么样?

Chūntiān tiānqì zěnmeyàng
춘티엔 티엔치 전머양

여름은 아주 더워요.

夏天很热。

Xiàtiān hěn rè
시아티엔 헌 르어

가을 날씨는 아주 시원해요.

秋天的天气很凉爽。

Qiūtiān de tiānqì hěn liángshuǎng
치우티엔 더 티엔치 헌 량수앙

올 겨울은 너무 추워요.

今年冬天很冷。

Jīnnián dōngtiān hěn lěng
찐니엔 똥티엔 헌 렁

49 대화 다시듣기

A: 당신은 어느 계절을 좋아하세요?
B: 전 가을을 좋아해요.

116

Unit 50

 화제표현

음주와 흡연에 대해 말할 때

Mini Talk

A: 你今天怎么不喝酒?

Nǐ jīntiān zěnme bù hējiǔ

니 찐티엔 전머 뿌 허지우

너 오늘 왜 술을 마시지 않니?

B: 我把酒戒了。

Wǒ bǎ jiǔ jiè le

워 바 지우 찌에 러

나 이제 술을 끊었어.

Check Point!

중국인은 음주와 흡연에 대해 비교적 관대한 편입니다. 청소년들도 별 제약 없이 술이나 담배를 살 수 있어 중국에서 공부하는 유학생들이 주의해야 합니다. 건강에 대한 관심이 높아지면서 술이나 담배를 끊는 사람들도 많아졌는데 이렇게 '금주하다' 또는 '금연하다'라는 표현은 把酒戒了(bǎ jiǔ jiè le), 把烟戒了(bǎ yān jiè le)라고 말합니다.

117

평소에 어느 정도 마셔요?

你一般喝多少?

Nǐ yìbān hē duōshao
니 이빤 허 뚜어샤오

전 술을 별로 안 마셔요.

我酒量不好。

Wǒ jiǔliàng bùhǎo
워 지우량 뿌하오

전 한 잔만 마셔도 얼굴이 빨개져요.

我一喝酒就脸红。

Wǒ yì hējiǔ jiù liǎn hóng
워 이 허지우 찌우 리엔 홍

술을 못 이겨요.

不胜酒力。

Búshèng jiǔ lì
부셩 지우 리

여기서 담배를 피워도 괜찮습니까?

这里可以抽烟吗?

Zhèlǐ kěyǐ chōuyān ma
쩌리 커이 처우이엔 마

전 술 담배를 할 줄 몰라요.

我不会抽烟喝酒。

Wǒ búhuì chōuyān hējiǔ
워 부훼이 처우이엔 허지우

50 대화 다시듣기

A: 너 오늘 왜 술을 마시지 않니?   ☐ ☐ ☐
B: 나 이제 술을 끊었어.

118

Unit
51

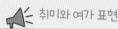
취미와 여가 표현

취미에 대해 말할 때

Mini Talk

A: 你丈夫的爱好是什么?

Nǐ zhàngfu de àihào shì shénme

니 짱푸 더 아이하오 쓰 션머

남편의 취미는 뭐니?

B: 他对钓鱼产生了兴趣。你丈夫呢?

Tā duì diàoyú chǎnshēng le xìngqù. Nǐ zhàngfu ne

타 뚜이 따오위 찬셩 러 씽취. 니 짱푸 너

그이는 낚시에 취미를 가지게 되었어.

네 남편은?

Check Point!

'취미'는 중국어로 爱好(àihào)입니다. 취미를 소개하는 표현 가운데 '애호 가'란 의미로 ~迷(mí)라고 말하는 사람들이 있는데 예를 들어 '축구팬'이라 면 球迷(qiúmí)라고 합니다. 아침이면 태극권을 수련하거나 운동하는 사람 들이 많고 공원에 가면 새를 기르거나 전통 악기를 연주하는 등 다양한 취미 를 가진 사람들을 만나볼 수 있습니다.

어떤 취미를 가지고 계십니까?

你有什么爱好?

Nǐ yǒu shénme àihǎo
니 여우 션머 아이하오

제 취미는 음악감상이에요.

我对欣赏音乐感兴趣。

Wǒ duì xīnshǎng yīnyuè gǎnxìngqù
워 뚜이 씬샹 인위에 간씽취

그건 내 취미에 맞지 않아요.

这个不合我口味。

Zhège bùhé wǒ kǒuwèi
쩌거 뿌허 워 커우웨이

여가시간에 어떤 취미가 있으세요?

您业余时间有什么爱好?

Nín yèyú shíjiān yǒu shénme àihǎo
닌 예위 스찌엔 여우 션머 아이하오

왜 흥미를 느끼시죠?

你对什么感兴趣呢?

Nǐ duì shénme gǎnxìngqù ne
니 뚜이 션머 간씽취 너

저의 취미는 다양해요.

我的兴趣很广泛。

Wǒ de xīngqù hěn guǎngfàn
워 더 씽취 헌 광판

 51 대화 다시듣기

A: 남편의 취미는 뭐니? ☐ ☐ ☐

B: 그이는 낚시에 취미를 가지게 되었어. 네 남편은?

120

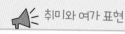

취미와 여가 표현

여가에 대해 말할 때

Mini Talk

A: 周末到了, 你有什么打算?
Zhōumò dào le, nǐ yǒu shénme dǎsuàn
쩌우모어 따오 러, 니 여우 선머 다쑤안

주말인데 무슨 계획이 있어요?

B: 我想跟家人一起去爬山。
Wǒ xiǎng gēn jiārén yìqǐ qù páshān
워 시앙 껀 찌아런 이치 취 파싼

가족들과 함께 등산갈 생각이에요.

Check Point!

바쁘고 치열하게 사는 현대인에게 주말이나 휴가 등의 여가 시간을 어떻게 보낼 것인지는 굉장히 중요하죠. 잠깐의 여가 시간조차 허투루 보내지 않으려고 계획을 짜는 사람도 있고 여가는 여가답게 아무 계획 없이 느긋하게 지내는 사람들도 있어요. 你怎么打发闲暇?(Nǐ zěnme dǎfa xiánxiá 여가를 어떻게 보내세요?)에 대한 대답을 미리 준비해 두세요.

Basic Expression

주말에는 주로 무얼 하세요?

周末主要干什么?

Zhōumò zhǔyào gàn shénme
쩌우모어 주야오 깐 션머

여가를 어떻게 보내세요?

你怎么打发闲暇?

Nǐ zěnme dǎfa xiánxiá
니 전머 다파 시엔시아

기분전환으로 무얼 하세요?

你用什么转换心情?

Nǐ yòng shénme zhuǎnhuàn xīnqíng
니 용 션머 주안환 씬칭

평소 어떤 일을 하면서 시간을 보내세요?

平时你做什么打发时间?

Píngshí nǐ zuò shénme dǎfa shíjiān
핑스 니 쭈어 션머 다파 스찌엔

일과 후에 무엇을 하세요?

工作之余干什么?

Gōngzuò zhīyú gàn shénme
꽁쭈어 쯔위 깐 션머

등산 좋아하세요?

你喜欢爬山吗?

Nǐ xǐhuan páshān ma
니 시환 파싼 마

52 대화 다시듣기

☐ ☐ ☐

A: 주말인데 무슨 계획이 있어요?

B: 가족들과 함께 등산갈 생각이에요.

122

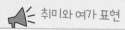
Unit 53

오락에 대해 말할 때

Mini Talk

A: 你先唱一首吧。

Nǐ xiān chàng yì shǒu ba

니 씨엔 창 이 셔우 바

노래 한 곡 해봐!

B: 我唱得不好听。

Wǒ chàng de bùhǎo tīng

워 창 더 뿌하오 팅

안 돼. 난 노래 못해.

Check Point!

중국에서는 사람들이 삼삼오오 둘러앉아 '포커'를 하거나 打扑克牌(dǎ pūkèpái), '마작'을 두는 打麻将(dǎ májiàng) 모습을 볼 수 있습니다. 여기서 打(dǎ)는 '치다, 하다'의 의미입니다. 또 회식을 하거나 친구들이 모였을 때 노래방이나 나이트클럽에 가기도 하는데 '노래방'은 卡拉OK(kǎlāOK) 또는 歌厅(gētīng), 나이트클럽은 夜总会(yèzǒnghuì)이라고 합니다.

이 근처에 가라오케는 있어요?

这附近有卡拉OK吗?

Zhè fùjìn yǒu kǎlaOK ma

쩌 푸찐 여우 카라오케 마

한국 노래를 할 줄 아세요?

你会唱韩国歌吗?

Nǐ huì chàng Hánguó gē ma

니 훼이 창 한궈 꺼 마

무슨 노래를 부르시겠어요?

你唱什么歌?

Nǐ chàng shénme gē

니 창 션머 꺼

당신이 선곡하세요?

你来选歌吧?

Nǐ lái xuǎn gē ba

니 라이 쉬엔 꺼 바

함께 춤을 출까요?

可以和我跳个舞么?

Kěyǐ hé wǒ tiào gè wǔ me

커이 허 워 탸오 꺼 우 머

마작 할 줄 아세요?

你会打麻将吗?

Nǐ huì dǎ májiàng ma

니 훼이 다 마찌앙 마

53 대화 다시듣기

☐ ☐ ☐

A: 노래 한 곡 해봐!

B: 안 돼. 난 노래 못해.

124

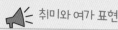 취미와 여가 표현

Unit
54

책과 신문잡지에 대해 말할 때

 Mini Talk

A: 你喜欢读什么样的书?

Nǐ xǐhuan dú shénmeyàng de shū

니 시환 두 션머양 더 쑤

어떤 책을 즐겨 읽으십니까?

B: 我喜欢在地铁上读小说。

Wǒ xǐhuan zài dìtiě shàng dú xiǎoshuō

워 시환 짜이 띠티에 쌍 두 샤오쑤

저는 지하철에서 소설을 즐겨 봅니다.

 Check Point!

중국의 대형 서점에 가면 규모에 압도당하는데 카트에 책을 가득 담아가는 사람들을 많이 볼 수 있습니다. 베스트셀러를 畅销书(chàngxiāoshū)라고 하는데 주로 실용서인 工具书(gōngjùshū)를 많이 찾습니다. 영어교재나 재테크관련 서적이 인기가 많고 자녀 교육을 위한 참고서나 교재도 많이 선호합니다. 신문은 报纸(bàozhǐ), 잡지를 杂志(zázhì)라고 합니다.

책을 많이 읽으세요?

看得多吗?

Kàn de duō ma
칸 더 뚜어 마

이 책 읽어 봤어요?

你读过这本书吗?

Nǐ dú guò zhè běn shū ma
니 두 꿔 쩌 번 쑤 마

어떤 책을 즐겨 읽으세요?

你喜欢读什么样的书?

Nǐ xǐhuan dú shénmeyàng de shū
니 시환 두 션머양 더 쑤

좋아하는 작가는 누구세요?

你喜欢的作家是谁?

Nǐ xǐhuan de zuòjiā shì shéi
니 시환 더 쭈어찌아 쓰 쉐이

무슨 신문을 보세요?

你看什么报纸?

Nǐ kàn shénme bàozhǐ
니 칸 션머 빠오즈

집에서 자동차 잡지를 구독해 보고 있어요.

家里订阅汽车杂志。

Jiāli dìngyuè qìchē zázhì
찌아리 띵위에 치처 자쯔

54 대화 다시듣기

A: 어떤 책을 즐겨 읽으십니까?

B: 저는 지하철에서 소설을 즐겨 봅니다.

☐ ☐ ☐

126

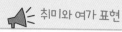
취미와 여가 표현

Unit
55

음악에 대해 말할 때

Mini Talk

A: 你喜欢看演唱会吗?
Nǐ xǐhuan kàn yǎnchànghuì ma
니 시환 칸 이엔창후이 마
콘서트 좋아하니?

B: 我很喜欢看。
Wǒ hěn xǐhuan kàn
워 헌 시환 칸
너무 좋아해.

Check Point!

경제가 발전하면서 기본적인 생활고를 해결하고 문화생활을 영위할 수 있을
정도의 부유한 생활을 누리는 사회 즉, 小康社会(xiǎokāngshèhuì)를 추구하
면서 예술에 대한 관심이 높아지고 있습니다. 중국 전통 예술과 서양의 요소를
접목하는 시도도 활발히 일어나고 있습니다. 젊은이들은 한국 음악은 물론 세
계 각국의 음악을 접하고 즐기고 있어 한국의 젊은이들과 비슷합니다.

127

어떤 음악을 가장 좋아하십니까?

你最爱听什么样的音乐?

Nǐ zuì ài tīng shénmeyàng de yīnyuè

니 쭈이 아이 팅 션머양 더 인위에

이 음악은 내가 좋아하는 타입이에요.

这首音乐是我喜欢的类型。

Zhè shǒu yīnyuè shì wǒ xǐhuān de lèixíng

쩌 셔우 인위에 쓰 워 시환 더 레이싱

그는 이 음악에 흠뻑 빠졌어요.

她被这首音乐完全迷住了。

Tā bèi zhè shǒu yīnyuè wánquán mízhù le

타 뻬이 쩌 셔우 인위에 완취엔 미쭈 러

클래식음악을 좋아해요, 대중가요를 좋아해요?

你喜欢古典音乐还是流行歌曲?

Nǐ xǐhuan gǔdiǎn yīnyuè háishì liúxíng gēqǔ

니 시환 구디엔 인위에 하이쓰 리우씽 꺼취

당신은 음악회에 자주 가세요?

你常去听音乐会吗?

Nǐ cháng qù tīng yīnyuèhuì ma

니 창 취 팅 인위에후이 마

당신은 한국 대중음악을 좋아하세요?

你喜欢韩国流行歌曲?

Nǐ xǐhuan Hánguó liúxíng gēqǔ

니 시환 한궈 리우싱 꺼취

55 대화 다시듣기

A: 너 콘서트 좋아하니?

B: 너무 좋아해.

128

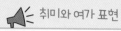
Unit
56

취미와 여가 표현

그림에 대해 말할 때

Mini Talk

A: 看完画展后，有什么感想?

Kànwán huàzhǎn hòu, yǒu shénme gǎnxiǎng

칸완 화잔 허우, 여우 션머 간시앙

전시회를 본 소감이 어때요?

B: 可是我一幅也看不懂。

Kěshì wǒ yìfú yě kàn bù dǒng

커쓰 워 이푸 예 칸 뿌 동

하나도 이해하지 못하겠던걸요.

Check Point!

그림도 음악 못지않게 만국 공통의 취미죠. 직접 그림을 그리거나 미술관에 다니면서 즐기는 정도는 아니라도 훌륭한 미술작품을 얼마든지 쉽게 접할 수 있습니다. 기본적인 용어는 알아둬야겠죠. 画山水(huà shānshuǐ) 산수화, 画人物画(huà rénwùhuà) 인물화를 그리다, 画的好(huà de hǎo) 그림을 잘 그리다, 颜料绘画(yánliào huìhuà) 그림물감, 速写(sùxiě) 스케치

난 이 그림이 너무 좋아요.

我好喜欢这幅画。

Wǒ hǎo xǐhuan zhè fú huà

워 하오 시환 쩌 푸 화

저 유화는 작가가 누군가요?

那幅油画的作者是谁?

Nà fú yóuhuà de zuòzhě shì shéi

나 푸 여우화 더 쭈어저 쓰 쉐이

이 작품은 어느 시대의 것이죠?

这个作品是哪个时代的?

Zhège zuòpǐn shì nǎge shídài de

쩌거 쭈어핀 쓰 나거 스따이 더

이 작품은 정말 아름답네요.

这个作品真是太美了。

Zhège zuòpǐn zhēnshì tài měi le

쩌거 쭈어핀 쩐쓰 타이 메이 러

저는 미술품 수집을 좋아해요.

我喜欢搜集美术品。

Wǒ xǐhuān sōují měishùpǐn

워 시환 써우지 메이쑤핀

그림을 아주 잘 그리시군요.

你画得真好。

Nǐ huà de zhēnhǎo

니 화 더 쩐하오

56 대화 다시듣기

A: 전시회를 본 소감이 어때요?

B: 하나도 이해하지 못하겠던걸요.

130

취미와 여가 표현

텔레비전에 대해 말할 때

Mini Talk

A: 今晚播放什么节目?

Jīnwǎn bōfàng shénme jiémù

찐완 뿌어팡 션머 지에무

오늘 저녁 어떤 프로그램이 방송되니?

B: 有电视连续剧《星星在我心》。

Yǒu diànshì liánxùjù <Xīngxīng zài wǒ xīn>

여우 띠엔쓰 리엔쒸쮜 < 씽씽 짜이 워 씬>

드라마 '별은 내 가슴에'가 있어.

Check Point!

중국의 텔레비전 방송국은 CCTV 이외에 수많은 지역 방송국이 있습니다. 중국 드라마는 대부분 사전에 제작한 후 방영하기 때문에 방송을 기다리지 않고 DVD나 VCD를 구입해서 보는 사람들이 많습니다. 영화도 마찬가지여서 비싼 영화관에 가지 않고 값싼 불법 복제품을 구입해서 돌려보는 사람들이 많아 지적재산권 보호가 큰 사회문제로 대두되었습니다.

어떤 텔레비전 프로그램을 좋아하세요?

你喜欢哪些电视节目?

Nǐ xǐhuan nǎxiē diànshì jiémù
니 시환 나시에 띠엔쓰 지에무

매일 저녁 텔레비전을 보시나요?

你每天晚上都看电视吗?

Nǐ měitiān wǎnshang dōu kàn diànshì ma
니 메이티엔 완샹 떠우 칸 띠엔쓰 마

전 드라마를 좋아하거든요.

我很喜欢电视剧。

Wǒ hěn xǐhuan diànshìjù
워 헌 시환 띠엔쓰쮜

오늘 저녁에는 무슨 프로그램이 있나요?

今晚播放什么节目?

Jīnwǎn bōfàng shénme jiémù
찐완 뽀어팡 션머 지에무

지금 방송하고 있는 프로그램은 뭐죠?

现在电视播的是什么?

Xiànzài diànshì bō de shì shénme
시엔짜이 띠엔쓰 뽀어 더 쓰 션머

어젯밤 텔레비전 영화 어땠어요?

昨晚的电视电影怎么样?

Zuówǎn de diànshì diànyǐng zěnmeyàng
주어완 더 띠엔쓰 띠엔잉 전머양

57 대화 다시듣기

A: 오늘 저녁 어떤 프로그램이 방송되나요?   ☐ ☐ ☐
B: 드라마 〈별은 내 가슴에〉가 있어요.

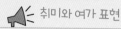

취미와 여가 표현

영화에 대해 말할 때

A: 你喜欢看电影吗?
Nǐ xǐhuān kàn diànyǐng ma
니 시환 칸 띠엔잉 마

영화 좋아하세요?

B: 是, 我真喜欢看电影。
Shì, wǒ zhēn xǐhuān kàn diànyǐng
쓰, 워 쩐 시환 칸 띠엔잉

예, 전 영화 보는 것을 무척 좋아해요.

Check Point!

미국에 이어 폭발적으로 성장하고 있는 중국 영화 시장을 가늠할 수 있는 기준은 스크린 숫자입니다. 5만개 이상의 스크린을 보유하고 있으며, 지금도 그 숫자는 늘어나고 있습니다. 그러나 중국 정부의 지나친 검열이 이루어지고 있어 작품의 다양성은 보장되어 있지 않습니다. 더욱이 요즘은 '애국주의' 영화가 잇따라 흥행에 대성공을 거두면서 새로운 트랜드로 자리잡고 있습니다.

영화 좋아하세요?

你喜欢看电影吗?

Nǐ xǐhuan kàn diànyǐng ma
니 시환 칸 띠엔잉 마

좋아하는 영화배우는 누구죠?

你最喜欢的影星是谁?

Nǐ zuì xǐhuan de yǐngxīng shì shéi
니 쭈이 시환 더 잉씽 쓰 쉐이

영화는 몇 시에 시작하죠?

电影几点开始演?

Diànyǐng jǐdiǎn kāishǐ yǎn
띠엔잉 지디엔 카이스 이엔

중국 영화를 좋아하세요?

你喜欢中国电影吗?

Nǐ xǐhuān zhōngguó diànyǐng ma
니 시환 쭝궈 띠엔잉 마

자주 영화 보러 가세요?

你常去看电影吗?

Nǐ cháng qù kàn diànyǐng ma
니 창 취 칸 띠엔잉 마

영화 보러 갈래요?

去看电影吗?

Qù kàn diànyǐng ma
취 칸 띠엔잉 마

 58 대화 다시듣기

A: 영화 좋아하세요?

B: 예, 전 영화 보는 것을 무척 좋아해요.

134

- Unit 59

취미와 여가 표현

운동에 대해 말할 때

Mini Talk

A: 你喜欢打高尔夫球吗?

Nǐ xǐhuan dǎ gāo'ěrfūqiú ma

니 시환 다 까오얼푸치우 마

골프를 좋아하십니까?

B: 喜欢是喜欢, 不过打得不太好。

Xǐhuan shì xǐhuan, búguò dǎ de bú tài hǎo

시환 쓰 시환, 부꿔 다 더 부 타이 하오

좋아하긴 하는데 잘 못 칩니다.

Check Point!

중국인들에게 인기 있는 스포츠 종목으로는 축구(足球 zúqiú)를 들 수 있을 겁니다. 중국에도 프로 축구팀이 있어 그들의 시합은 늘 사람들의 화젯거리가 되곤 합니다. 중국 축구국가대표팀이 한국을 한 번도 이기지 못해 공한증(恐韩症 kǒnghánzhèng)이 있다고 하는데 그래서 매번 경기를 치룰 때마다 혼신의 힘을 다하지 않은 선수들을 질타하곤 합니다.

어떤 운동을 좋아하세요?

你喜欢什么运动?

Nǐ xǐhuan shénme yùndòng

니 시환 션머 윈똥

난 운동을 좋아해요.

我很喜欢运动。

Wǒ hěn xǐhuān yùndòng

워 헌 시환 윈똥

난 운동을 별로 안 좋아해요.

我不太喜欢运动。

Wǒ bú tài xǐhuan yùndòng

워 부 타이 시환 윈똥

어떤 운동을 할 줄 아세요?

你会做什么运动?

Nǐ huì zuò shénme yùndòng

니 훼이 쭈어 션머 윈똥

운동선수이세요?

你是运动员吗?

Nǐ shì yùndòngyuán ma

니 쓰 윈똥위엔 마

하루에 운동은 얼마나 하세요?

你一天运动量多少?

Nǐ yìtiān yùndòngliáng duōshǎo

이 이티엔 윈똥량 뚜어샤오

59 대화 다시듣기

□ □ □

A: 골프를 좋아하십니까?

B: 좋아하긴 하는데 잘 못 칩니다.

136

취미와 여가 표현

Unit
60

식욕과 맛에 대해 말할 때

Mini Talk

A: 味道怎么样,还合你口味吗?

Wèidao zěnmeyàng, hái hé nǐ kǒuwèi ma

웨이다오 전머양, 하이 허 니 커우웨이 마

맛이 어때요? 입맛에 맞아요?

B: 太咸了,你放了多少盐!

Tài xián le, nǐ fàng le duōshao yán

타이 시엔 러, 니 팡 러 뚜어샤오 이엔

너무 짜요, 소금을 얼마나 넣은 거야!

Check Point!

중국의 4대 요리라고 하면 지역별로 베이징요리, 상하이요리, 광둥요리와 쓰촨요리를 꼽습니다. 상하이요리와 광둥요리는 해산물을 많이 사용하고 새콤달콤한 맛이 나는 반면 내륙지역의 쓰촨요리는 고추나 후추 등 향신료를 많이 사용해서 맵고 강한 맛이 느껴집니다. 그러나 남방지역 사람들은 매운 음식을 잘 못 먹지 못합니다.

이건 맛이 어때요?

这个味道怎么样?

Zhège wèidào zěnmeyàng
쩌거 웨이따오 전머양

맛 좀 봐요, 맛이 어때요?

你尝尝看，味道怎么样?

Nǐ chángchang kàn, wèidào zěnmeyàng
니 창창 칸, 웨이따오 전머양

맛있어요.

很好吃。

Hěn hǎochī
헌 하오츠

전 먹는 걸 안 가려요.

我不挑食。

Wǒ bù tiāoshí
워 뿌 탸오스

매운 음식 좋아하세요?

你喜欢吃辣吗?

Nǐ xǐhuan chī là ma
니 시환 츠 라 마

오늘 음식은 별로예요.

今天没有什么菜。

Jīntiān méiyǒu shénme cài
찐티엔 메이여우 션머 차이

60 대화 다시듣기

A: 맛이 어때요? 입맛에 맞아요? ☐ ☐ ☐

B: 너무 짜요, 소금을 얼마나 넣은 거야!

138

PART 02

여행편

- 旅行篇 -

基础汉语会话词典

출입국
숙박
식사
교통
관광
쇼핑

📢 출입국

기내에서

💬💬 Mini Talk

A: **您要什么果汁?**

Nín yào shénme guǒzhī

닌 야오 션머 궈쯔

어떤 주스를 드릴까요?

B: **我不喝, 谢谢。**

Wǒ bù hē, xièxie

워 뿌 허, 씨에시에

마시지 않겠습니다. 감사합니다.

Check Point!

공항에서 출국심사를 마치고 이제 비행기를 탑승하면 우리나라 영토를 떠나게 되는 셈입니다. 국제선의 기내는 그 항공사가 소속하는 나라의 영토 취급을 하기 때문입니다. 우리나라에서 출발하는 외국 항공회사의 기내에는 대부분 우리나라 승무원이 있어서 말이 통하지 않아 불편한 점은 그다지 많지 않습니다. 물론 우리나라 비행기를 타면 외국어가 필요 없지만...

(탑승권을 보이며) 제 자리는 어디인가요?

请问我的座位在哪里?

Qǐngwèn wǒ de zuòwèi zài nǎlǐ

칭원 워 더 쭈어웨이 짜이 나리

이 짐은 어디에 두는 것이 좋죠?

这件行李放哪儿好呢?

Zhè jiàn xíngli fàng nǎr hǎo ne

쩌 찌엔 싱리 팡 날 하오 너

좌석을 바꿔 앉아도 될까요?

可不可以换座位?

Kěbùkěyǐ huàn zuòwèi

커뿌커이 환 쭈어웨이

음료수는 어떤 것들이 있죠?

有什么饮料?

Yǒu shénme yǐnliào

여우 션머 인랴오

몸이 좀 안 좋은데요.

我有点不舒服。

Wǒ yǒudiǎn bù shūfú

워 여우디엔 뿌 쑤푸

입국신고카드 한 장 주세요.

请给我一张入境登记卡。

Qǐng gěi wǒ yīzhāng rùjìng dēngjìkǎ

칭 게이 워 이짱 루찡 떵찌카

01 대화 다시듣기

A: 어떤 주스를 드릴까요?

B: 마시지 않겠습니다. 감사합니다.

142

출입국

Unit 02

여객선에서

 Mini Talk

A: 我的卧具是哪个?

Wǒ de wòjù shì nǎge

워 더 워쮜 쓰 나거

제 침구는 어느 거예요?

B: 你是在这里。

Nǐ shì zài zhèli.

니 쓰 짜이 쩌리

당신 것은 여기에 있습니다.

 Check Point!

요즘은 중국여행을 할 때 선박보다는 비행기를 이용하는 경우가 많습니다. 비용도 크게 차이가 나지 않을 뿐더러 시간이 훨씬 빠르기 때문입니다. 그러나 화물이 많거나 중국에 자주 다닐 경우에는 선박을 이용하는 게 도움이 될 수 있습니다. 또한 시간적인 여유가 있으면 배에서 잠을 잘 수도 있고, 배 안에는 식당과 편의점 등 여러가지 부대시설이 있어 편리한 점도 많습니다.

여객선은 몇 시에 출발하죠?

客轮几点出发?

Kèlún jǐ diǎn chūfā
커룬 지 디엔 추파

몇 번 부두에서 배를 타죠?

在几号码头上船?

Zài jǐ hào mǎtóu shàngchuán
짜이 지 하오 마터우 쌍추안

이 선실은 어디에 있어요?

这个船舱在哪儿?

Zhège chuáncāng zài nǎr
쩌거 추안창 짜이 날

배에 식당이 있나요?

船上有餐厅吗?

Chuán shàng yǒu cāntīng ma
추안 쌍 여우 찬팅 마

뱃멀미를 하는데, 약 있어요?

我有点晕船，有没有药?

Wǒ yǒudiǎn yūnchuán, yǒuméiyǒu yào
워 여우디엔 윈추안, 여우메이여우 야오

구명조끼는 어디에 있죠?

救生服在哪里?

Jiùshēngfú zài nǎlǐ
찌우셩푸 짜이 나리

02 대화 다시듣기

A: 제 침구는 어느 거예요?
B: 당신 것은 여기에 있습니다.

144

출입국

Unit 03

입국심사

Mini Talk

A: 旅行目的是什么?

Lǚxíng mùdì shì shénme

뤼싱 무띠 쓰 션머

여행 목적은 무엇인가요?

B: 我是来观光的。

Wǒ shì lái guānguāng de

워 쓰 라이 꽝꽝 더

관광하러 왔습니다.

Check Point!

입국심사를 받을 때 외국인(外国人)이라고 쓴 카운터에 줄을 서서 기다리고 차례가 되면 여권과 입국카드를 제시하고 입국심사를 받습니다. 이때 기내에서 작성한 입국카드와 여권을 심사관에게 보이면 되는데 응답은 대개 정해져 있으므로 침착하고 정직하게 답변을 하면 됩니다. 특별히 의심나는 점이 없으면 비자에 입국허가 스탬프를 찍어 줍니다.

여권을 보여주십시오.

请出示您的护照。

Qǐng chūshì nín de hùzhào

칭 추쓰 닌 더 후짜오

입국신고서를 적어주세요.

请填入境登记卡。

Qǐng tián rùjìng dēngjìkǎ

칭 티엔 루찡 떵찌카

입국 목적은 무엇입니까?

入境目的是什么?

Rùjìng mùdì shì shénme

루찡 무띠 쓰 션머

며칠 계실 겁니까?

打算逗留几天?

Dǎsuàn dòuliú jǐtiān

다쑤안 떠우리우 지티엔

어디에 머무실 예정입니까?

您打算住在哪里?

Nín dǎsuàn zhùzài nǎlǐ

닌 다쑤안 쭈짜이 나리

아직 정하지 않았습니다.

还没有决定。

Hái méiyǒu juédìng

하이 메이여우 쥐에띵

A: 여행 목적은 무엇인가요?

B: 관광하러 왔습니다.

146

출입국

Unit 04

짐찾기

Mini Talk

A: **请问, 在哪儿可以取行李?**

Qǐngwèn, zài nǎr kěyǐ qǔ xíngli

칭원, 짜이 날 커이 취 싱리

실례합니다, 어디에서 짐을 찾을 수 있죠?

B: **往前一直走就是。**

Wǎng qián yìzhí zǒu jiùshì

왕 치엔 이즈 저우 찌우쓰

앞으로 곧장 가시면 됩니다.

Check Point!

입국심사가 끝나면 짐을 찾게 되는데 여행가방은 대개 비슷한 것이 많아 자칫하면 다른 사람의 가방을 가지고 나오게 되는 경우가 있고 그래서 분실 위험도 높습니다. 여행용 가방은 자신만의 특별한 표시를 해놓는 것이 좋습니다. 만약 수화물을 분실했을 때는 수화물 수취증과 항공권, 여권을 가지고 공항 화물분실신고 카운터에 가서 신고합니다.

짐은 어디서 찾죠?

在哪儿取行李?

Zài nǎr qǔ xíngli
짜이 날 취 싱리

제 짐이 도착했는지를 봐주세요.

帮我看一下我的行李到没到。

Bāng wǒ kàn yíxià wǒ de xíngli dàoméidào
빵 워 칸 이씨아 워 더 싱리 따오메이따오

수화물 하나가 모자란데요.

托运的行李少了一件。

Tuōyùn de xíngli shǎole yíjiàn
투어윈 더 싱리 샤오러 이찌엔

이 트렁크는 제 것인데요.

这个皮箱是我的。

Zhège píxiāng shì wǒ de
쩌거 피씨앙 쓰 워 더

제 짐이 안 보이는데요.

我的行李不见了。

Wǒ de xíngli bújiàn le
워 더 싱리 부찌엔 러

짐을 찾으면 어디로 보내 드릴까요?

找到行李后，送到什么地方?

Zhǎodào xíngli hòu, sòngdào shénme dìfāng
자오따오 싱리 허우, 쏭따오 션머 띠팡

04 대화 다시듣기

A: 실례합니다, 어디에서 짐을 찾을 수 있죠?

B: 앞으로 곧장 가시면 됩니다.

□ □ □

Unit
05

📢 출입국

세관검사

Mini Talk

A: 这些行李都是您的吗?

Zhèxiē xíngli dōu shì nín de ma

쩌씨에 싱리 떠우 쓰 닌 더 마

이 짐은 모두 당신 것입니까?

B: 是，这些都是我的。

Shì, zhèxiē dōu shì wǒ de

쓰, 쩌씨에 떠우 쓰 워 더

예, 모두 제 것입니다.

Check Point!

턴테이블에서 자신의 수화물을 다 찾은 후에는 세관검사대 앞으로 가서 담당
자에게 자신의 짐과 여권을 건네줍니다. 배낭을 든 여행자의 경우에는 대부
분 그냥 통과할 수 있으며, 요즘은 짐이 있더라도 세관신고 때 짐을 열어보는
경우는 거의 없습니다. 그러나 과세 대상의 물품을 신고하지 않았다가 적발
될 경우에는 압류를 당하거나 무거운 벌금을 물게 되므로 주의합니다.

신고할 물품이 있습니까?

您有要申报的物品吗?

Nín yǒu yào shēnbào de wùpǐn ma
닌 여우 야오 션빠오 더 우핀 마

특별한 것은 없습니다.

没什么特别的。

Méishénme tèbié de
메이션머 터비에 더

이런 물건도 신고해야 하나요?

这种物品也需要申报吗?

Zhè zhǒng wùpǐn yě xūyào shēnbào ma
쩌 종 우핀 예 쒸야오 션빠오 마

가방을 열어 주세요.

请打开这个包。

Qǐng dǎkāi zhège bāo
칭 다카이 쩌거 빠오

짐을 펼쳐주시겠어요?

请把行李打开给我看看。

Qǐng bǎ xíngli dǎkāi gěi wǒ kànkan
칭 바 싱리 다카이 게이 워 칸칸

일용품과 선물입니다.

这是日用品和礼品。

Zhè shì rìyòngpǐn hé lǐpǐn
쩌 쓰 르용핀 허 리핀

05 대화 다시듣기

A: 이 짐은 모두 당신 것입니까?

B: 예, 모두 제 것입니다.

출입국

Unit 06

환전과 공항면세점에서

 Mini Talk

A: 我想兑换钱。
Wǒ xiǎng duìhuàn qián
워 시앙 뚜이환 치엔
환전 좀 하고 싶은데요.

B: 您想兑换多少钱?
Nín xiǎng duìhuàn duōshao qián
닌 시앙 뚜이환 뚜어샤오 치엔
얼마를 환전하시겠어요?

 Check Point!

목적지 공항에 도착을 하면 호텔로 가거나 할 때 잔돈이 필요합니다. 한국에서 떠날 때 환전을 해가지고 가면 문제가 없지만 목적지에 가서 환전을 할 경우 잔돈을 다양하게 바꾸는 것이 사용하기에 유용합니다. 만약 출국 전에 환전하지 못 했을 경우에는 대부분의 중국 국제공항에는 환전소가 있으므로 문제가 없습니다. 참고로 중국은 우리나라보다 환전수수료가 비싼 편입니다.

어디서 외화를 환전할 수 있나요?

在哪儿可以兑换外汇?

Zài nǎr kěyǐ duìhuàn wàihuì

짜이 날 커이 뚜이환 와이후이

여기서 환전할 수 있나요?

这里可以换钱吗?

Zhèlǐ kěyǐ huànqián ma

쩌리 커이 환치엔 마

인민폐 1원은 한국돈 얼마인가요?

一元人民币是多少韩币?

Yīyuán rénmínbì shì duōshǎo hánbì

이위엔 런민삐 쓰 뚜어샤오 한삐

잔돈으로 좀 바꾸고 싶은데요.

我想换点零钱。

Wǒ xiǎng huàn diǎn língqián

워 시앙 환 디엔 링치엔

저기요, 면세점이 어디에 있죠?

请问, 免税店在哪儿?

Qǐngwèn, miǎnshuìdiàn zài nǎr

칭원, 미엔쑤이띠엔 짜이 날

몇 가지 선물을 사고 싶은데요.

我想买些礼品。

Wǒ xiǎng mǎi xiē lǐpǐn

워 시앙 마이 씨에 리핀

06 대화 다시듣기

A: 환전 좀 하고 싶은데요.
B: 얼마를 환전하시겠어요?

출입국

Unit 07

공항안내소

Mini Talk

A: 民航班车站在哪儿?

Mínháng bānchēzhàn zài nǎr

민항 빤처짠 짜이 날

리무진 정류소는 어디에 있나요?

B: 在地下一楼。

Zài dìxià yīlóu

짜이 띠씨아 이러우

지하 1층에 있습니다.

Check Point!

공항안내소에는 여행객들을 위해 여행정보를 친절하게 안내해주고 있습니다. 여행지의 정보가 미흡한 사람은 이곳에서 안내를 받고 움직이는 것이 상당한 도움이 될 것입니다. 공항안내소에는 무료 지도, 관광 가이드나 호텔 가이드 등의 팸플릿이 준비되어 있습니다. 시내의 교통수단이나 호텔이 위치한 장소나 택시 요금 등 필요한 정보도 얻을 수 있습니다.

153

여행 안내소는 어디에 있나요?

请问，旅行问讯处在哪儿?

Qǐngwèn, lǚxíng wènxùnchù zài nǎr

칭원, 뤼싱 원쒼추 짜이 날

시내로 가는 리무진 버스가 있나요?

有进市内的班车吗?

Yǒu jìn shìnèi de bānchē ma

여우 찐 쓰네이 더 빤처 마

버스정류소는 어디에 있죠?

公共汽车站在哪儿?

Gōnggòngqìchēzhàn zài nǎr

꽁꽁치처짠 짜이 날

베이징 호텔은 어떻게 가죠?

去北京饭店怎么走?

Qù Běijīng fàndiàn zěnme zǒu

취 베이찡 판띠엔 전머 저우

시내 지도를 한 장 주세요.

请给我一份市内地图。

Qǐng gěi wǒ yífèn shìnèi dìtú

칭 게이 워 이펀 쓰네이 띠투

호텔까지 시간이 얼마나 걸리나요?

到饭店需要多长时间?

Dào fàndiàn xūyào duōcháng shíjiān

따오 판띠엔 쒸야오 뚜어창 스찌엔

---

07 대화 다시듣기

A: 리무진 정류소는 어디에 있나요?

B: 지하 1층에 있습니다.

출입국

Unit
08

공항에서 시내로

 Mini Talk

A: 您去哪儿?

Nín qù nǎr

닌 취 날

어디로 모실까요?

B: 请去这里。

Qǐng qù zhèli

칭 취 쩌리

(주소를 보이며) 이리 가 주세요.

 Check Point!

공항에서 세관검사가 끝나면 자신의 수화물을 가지고 나오는데 부피가 크거나 무거우면 공항내에서 짐을 나를 때 쓰는 카트를 이용할 수 있습니다. 일부 공항에서는 카트 사용이 유료이므로 주의해야 합니다. 공항에서 시내까지 가려면 택시를 이용할 수도 있고 호텔 셔틀버스를 이용할 수도 있습니다. 호텔 셔틀버스를 이용할 경우 미리 호텔 카운터에 문의해 두는 것이 좋습니다.

카트는 어디서 빌리죠?

在哪儿能借手推车?

Zài nǎr néng jiè shǒutuīchē

짜이 날 넝 찌에 셔우투이처

이 짐만 옮겨 주세요.

请把行李托运一下。

Qǐng bǎ xínglǐ tuōyùn yīxià

칭 빠 싱리 투어윈 이씨아

택시 승강장은 어디에 있나요?

出租汽车站在哪儿?

Chūzūqìchēzhàn zài nǎr

추쭈치처짠 짜이 날

베이징 호텔까지 가 주세요.

请送我到北京饭店。

Qǐng sòng wǒ dào Běijīng fàndiàn

칭 쏭 워 따오 베이찡 판띠엔.

공항 버스는 어디서 타죠?

在哪儿坐民航班车?

Zài nǎr zuò mínháng bānchē

짜이 날 쭈어 민항 빤처

표는 얼마예요?

票价是多少钱?

Piàojià shì duōshǎo qián

퍄오찌아 쓰 뚜어샤오 치엔

08 대화 다시듣기

A: 어디로 모실까요?　　　　　　☐ ☐ ☐

B: (주소를 보이며) 이리 가 주세요.

156

출입국

귀국 준비

Mini Talk

A: **我想确认机票。**
Wǒ xiǎng quèrèn jīpiào
워 시앙 취에런 찌퍄오
예약을 확인하고 싶은데요.

B: **什么时候的?**
Shénmeshíhòu de
션머스허우 더
언제 비행기표입니까?

Check Point!

여행을 할 때 대부분 왕복으로 비행기표를 구입하므로 예약을 확인할 필요가 없지만, 장기간 있을 경우에는 귀국한 날이 정해지면 미리 좌석을 예약해 두어야 합니다. 또 예약을 해 두었을 경우에는 출발 예정 시간의 72시간 이전에 전화로 이름, 연락 전화번호, 편명, 행선지를 말하면 됩니다. 예약 재확인을 안 하면 예약이 취소되는 경우도 있으므로 주의해야 합니다.

예약을 좀 확인하고 싶은데요.

我想确认一下机票。

Wǒ xiǎng quèrèn yíxià jīpiào
워 시앙 취에런 이씨아 찌퍄오

저는 김성호라고 합니다.

我叫金成浩。

Wǒ jiào Jīn Chénghào
워 쨔오 찐 청하오

항공편을 변경하고 싶은데요.

我想改航班。

Wǒ xiǎng gǎi hángbān
워 시앙 가이 항빤

더 일찍 떠나는 비행편에 빈자리는 있습니까?

再早点的航班有空座吗?

Zài zǎodiǎn de hángbān yǒu kòngzuò ma
짜이 자오디엔 더 항빤 여우 콩쭈어 마

몇 시에 출발하죠?

几点出发?

Jǐ diǎn chūfā
지 디엔 추파

확인이 되었습니다.

确认好了。

Quèrèn hǎo le
취에런 하오 러

09·대화 다시듣기

A: 예약을 확인하고 싶은데요.   ☐ ☐ ☐
B: 언제 비행기표입니까?

158

Unit
10

📢 출입국

귀국 공항에서

Mini Talk

A: 准时出发吗?

Zhǔnshí chūfā ma

준스 추파 마

출발은 예정대로 합니까?

B: 因气候恶劣，推迟一小时起飞。

Yīn qìhòu èliè, tuīchí yìxiǎoshí qǐfēi

인 치허우 어리에, 투이츠 이샤오스
치페이

악천후로 한 시간 늦어집니다.

Check Point!

귀국 당일은 출발 2시간 전까지 공항에 미리 나가서 체크인을 마쳐야 합니다. 출국절차는 매우 간단합니다. 터미널 항공사 카운터에 가서 여권, 항공권, 출입국카드(입국시 여권에 붙여 놓았던 것)를 제시하면 직원이 출국카드를 떼어 내고 비행기의 탑승권을 줍니다. 동시에 화물편으로 맡길 짐도 체크인하면 화물 인환증을 함께 주므로 잘 보관해야 합니다.

저기요, 공항세는 어디서 내죠?

请问，在哪儿买机场建设费?

Qǐngwèn, zài nǎr mǎi jīchǎng jiànshèfèi
칭원, 짜이 날 마이 찌창 찌엔써페이

저기요, 어디서 수속을 합니까?

请问，在哪儿办手续?

Qǐngwèn, zài nǎr bàn shǒuxù
칭원, 짜이 날 빤 셔우쒸

저기요, 짐은 어디서 보냅니까?

请问，行李在哪儿寄?

Qǐngwèn, xíngli zài nǎr jì
칭원, 싱리 짜이 날 찌

언제부터 탑승하죠?

什么时候开始登机?

Shénmeshíhòu kāishǐ dēngjī
션머스허우 카이스 떵찌

면세점은 어디에 있습니까?

免税店在哪儿?

Miǎnshuìdiàn zài nǎr
미엔쑤이띠엔 짜이 날

탑승구는 어디에 있습니까?

登机口在哪儿?

Dēngjīkǒu zài nǎr
떵찌커우 짜이 날

10 대화 다시듣기

A: 출발은 예정대로 합니까?
B: 악천후로 한 시간 늦어집니다.

160

Unit
11

 숙박

호텔 예약

Mini Talk

A: 我要预定客房，有房间吗?

Wǒ yào yùdìng kèfáng, yǒu fángjiān ma

워 야오 위띵 커팡, 여우 팡찌엔 마

방을 예약하고 싶은데요, 있나요?

B: 您要什么样的客房?

Nín yào shénmeyàng de kèfáng

닌 야오 션머양 더 커팡

어떤 방을 원하세요?

 Check Point!

외국인이 이용하는 호텔은 거의 일류호텔로 이름은 각기 다릅니다. 饭店(fàndiàn), 宾馆 (bīnguǎn), 大酒店(dàjiǔdiàn) 등으로 부르며 이러한 호텔의 등급은 별이 몇 개인가로 구분됩니다. 예를 들면 北京饭店(Běijīngfàndiàn)이 최고급인데 이런 호텔에는 환전소, 매점, 이발소, 우체국 등 부대시설이 완벽하게 갖추어져 있습니다.

방을 예약하고 싶은데요.

我要预定房间。

Wǒ yào yùdìng fángjiān
워 야오 위띵 팡찌엔

빈방이 있나요?

有空房吗?

Yǒu kòngfáng ma
여우 콩팡 마

예약을 취소하고 싶은데요.

我要取消预约。

Wǒ yào qǔxiāo yùyuē
워 야오 취샤오 위위에

방값에 아침식사비가 포함되나요?

房费包括早餐吗?

Fángfèi bāokuò zǎocān ma
팡페이 빠오쿠어 자오찬 마

침대 하나를 더 놓으면 얼마인가요?

加一张床多少钱?

Jiā yìzhāng chuáng duōshǎo qián
찌아 이짱 추앙 뚜오샤오 치엔

좀 더 싼 방이 있나요?

有没有便宜一点的房间?

Yǒuméiyǒu piányi yìdiǎn de fángjiān
여우메이여우 피엔이 이디엔 더 팡찌엔

 11 대화 다시듣기

A: 방을 예약하고 싶은데요, 있나요? ☐ ☐ ☐
B: 어떤 방을 원하세요?

숙박

Unit
12

체크인 1

Mini Talk

A: 您预约了吗?

Nín yùyuē le ma

닌 위위에 러 마

예약하셨습니까?

B: 我已经预约好了。

Wǒ yǐjīng yùyuē hǎo le

워 이찡 위위에 하오 러

예, 예약을 했는데요.

Check Point!

우리나라의 호텔과 마찬가지로 호텔의 체크인 시각은 보통 오후 2시부터이
므로 너무 늦게 도착하지 않도록 합시다. 만약 호텔 도착 시간이 오후 6시를
넘을 때는 예약이 취소되는 경우도 있으므로 늦을 경우에는 미리 호텔에 도
착시간을 전화로 알려두는 것이 좋습니다. 호텔에 도착하여 체크인할 때는
방의 형태, 설비, 요금, 체재 예정 등을 확인하도록 합시다.

163

예약하셨습니까?

您预约了吗?

Nín yùyuē le ma
닌 위위에 러 마

누구 이름으로 예약하셨습니까?

您用什么名字预定的?

Nín yòng shénme míngzi yùdìng de
닌 용 션머 밍즈 위띵 더

이 숙박카드를 작성해주십시오.

请填写这张住宿登记卡。

Qǐng tiánxiě zhè zhāng zhùsù dēngjìkǎ
칭 티엔시에 쩌 짱 쭈쑤 떵찌카

먼저 방을 볼 수 있을까요?

可以先看一下房间吗?

Kěyǐ xiān kàn yíxià fángjiān ma
커이 씨엔 칸 이씨아 팡찌엔 마

조용한 방으로 주세요.

我想要安静一点的房间。

Wǒ xiǎng yào ānjìng yīdiǎn de fángjiān
워 시앙 야오 안찡 이디엔 더 팡찌엔

경치가 좋은 방으로 주세요.

我要一间能看到好风景的房间。

Wǒ yào yìjiān néng kàndào hǎo fēngjǐng de fángjiān
워 야오 이찌엔 넝 칸따오 하오 펑징 더 팡찌엔

A: 예약하셨습니까? ☐ ☐ ☐

B: 예, 예약을 했는데요.

 숙박

Unit 13

체크인 2

Mini Talk

A: 没有预订房间, 能不能给一个房间?

Méiyǒu yùdìng fángjiān, néngbùnéng gěi yíge fángjiān

메이여우 위띵 팡찌엔, 넝뿌넝 게이 이거 팡찌엔

예약을 안 했는데 방 있습니까?

B: 可以, 您需要什么样的房间?

Kěyǐ, nín xūyào shénmeyàng de fángjiān

커이, 닌 쉬야오 션머양 더 팡찌엔

네, 어떤 방을 원하십니까?

Check Point!

예약을 하지 않았을 때 빈방이 있는지 물을 때는 有空房吗(Yǒu kōngfáng ma)?, 하루 숙박료를 물을 때는 一天多少钱(yì tiān duōshaoqián)?이라고 하면 됩니다. 중국의 호텔에서는 체크인할 때 일반적으로 선금을 내야 하는데 이것을 押金(야진)이라고 합니다. 예약금의 형식으로 이런 押金은 객실비보다 더 많이 내야 합니다. 물론 체크아웃 할 때 잔금을 돌려줍니다.

하루에 얼마죠?

住宿费一天多少钱?

Zhùsùfèi yìtiān duōshǎo qián

쭈쑤페이 이티엔 뚜어샤오 치엔

좀 더 싼 방은 없나요?

没有比这个稍便宜的房间吗?

Méiyǒu bǐ zhège shāo piányi de fángjiān ma

메이여우 비 쩌거 샤오 피엔이 더 팡찌엔 마

아침식사도 포함이 된 건가요?

早餐费也包括在内吗?

Zǎocānfèi yě bāokuò zàinèi ma

자오찬페이 예 빠오쿠어 짜이네이 마

내 방은 몇 층 몇 호실인가요?

我的房间是几楼几号?

Wǒ de fángjiān shì jǐ lóu jǐ hào

워 더 팡찌엔 쓰 지 러우 지 하오

룸서비스를 받을 수 있나요?

这儿有房间服务吗?

Zhèr yǒu fángjiān fúwù ma

쩔 여우 팡찌엔 푸우 마

다른 방으로 바꾸고 싶은데요.

我要换别的房间。

Wǒ yào huàn biéde fángjiān

워 야오 환 비에더 팡찌엔

13 대화 다시듣기

A: 예약을 안 했는데 방 있습니까?

B: 네, 어떤 방을 원하십니까?

166

Unit 14

 숙박

호텔 프런트에서

Mini Talk

A: 喂, 是服务台吗?

Wèi, shì fúwùtái ma

웨이, 쓰 푸우타이 마

여보세요, 프런트죠?

B: 是啊。您有什么需要?

Shì a? Nín yǒu shénme xūyào

쓰 아? 닌 여우 션머 쒸야오

네, 그렇습니다. 무얼 도와드릴까요?

Check Point!

호텔에서 체크인을 하면 이제 본격적으로 여행이 시작됩니다. 현지 관광 등의 안내를 받고자 할 때는 프런트에 물으면 됩니다. 또한 호텔 내의 시설이나 와이파이 패스워드 등은 체크인할 때 확인해두도록 합시다. 트러블, 문의 사항은 대부분 프런트 데스크에 부탁하면 해결을 해주지만, 클리닝, 룸서비스 등의 내선번호는 방에 준비되어 있는 안내서에 적혀 있습니다.

짐을 옮겨드릴까요?

需要给您搬运行李吗?

Xūyào gěi nín bānyùn xíngli ma
쒸야오 게이 닌 빤윈 싱리 마

짐을 로비까지 옮겨주세요.

请把行李搬到大厅。

Qǐng bǎ xíngli bān dào dàtīng
칭 바 싱리 빤 따오 따팅

귀중품을 맡기고 싶은데요.

我要保管贵重物品。

Wǒ yào bǎoguǎn guìzhòngwùpǐn
워 야오 바오관 꾸이쫑우핀

방 열쇠를 맡아주세요.

请保管房间钥匙。

Qǐng bǎoguǎn fángjiān yàoshi
칭 바오관 팡찌엔 야오스

저한테 온 메시지가 있나요?

有没有我的留言?

Yǒuméiyǒu wǒ de liúyán
여우메이여우 워 더 리우이엔

내일 택시를 불러 주세요.

明天帮我叫一辆出租车。

Míngtiān bāng wǒ jiào yíliàng chūzūchē
밍티엔 빵 워 쨔오 이량 추쭈처

 14 대화 다시듣기 ☐ ☐ ☐

A: 여보세요, 프런트죠?

B: 네, 그렇습니다. 무얼 도와드릴까요?

숙박

호텔안의 시설을 이용할 때

Unit 15

A: 饭店有班车吗?
Fàndiàn yǒu bānchē ma
판띠엔 여우 빤처 마
호텔 셔틀버스 있나요?

B: 有。
Yǒu
여우
있습니다.

호텔 안의 시설이나 서비스 내용은 체크인할 때 확인할 수 있으니 饭店有班车吗?(Fàndiàn yǒu bānchē ma 호텔 안에 어떤 시설이 있나요?)라고 물어보세요. 무료로 이용할 수 있는 것도 꽤 많아요. 예약이나 트러블, 문의 사항은 대부분 프런트 데스크에 부탁하면 해결을 해주지만, 클리닝, 룸서비스 등의 내선번호는 방에 준비되어 있는 안내서에 적혀 있어요.

호텔 안에 세탁소가 있나요?

酒店内有洗衣店吗?

Jiǔdiàn nèi yǒu xǐyīdiàn ma
지우띠엔 네이 여우 시이띠엔 마

식당은 어디에 있죠?

餐厅在哪儿?

Cāntīng zài nǎr
찬팅 짜이 날

몇 시부터 아침식사가 시작되죠?

几点开始供应早餐?

Jǐdiǎn kāishǐ gōngyīng zǎocān
지디엔 카이스 꽁잉 자오찬

커피숍은 어디에 있죠?

咖啡厅在哪儿?

Kāfēitīng zài nǎr
카페이팅 짜이 날

호텔에 나이트클럽이 있나요?

饭店内有夜总会吗?

Fàndiàn nèi yǒu yèzǒnghuì ma
판띠엔 네이 여우 예종후이 마

마사지를 예약해 주세요.

请给我订按摩服务。

Qǐng gěi wǒ dìng ànmó fúwù
칭 게이 워 띵 안모어 푸우

15 대화 다시듣기

A: 호텔 셔틀버스 있나요?   □ □ □
B: 있습니다.

170

Unit
16

📢 숙박

룸서비스

Mini Talk

A: 是房间服务吗?

Shì fángjiān fúwù ma

쓰 팡찌엔 푸우 마

룸서비스인가요?

B: 是啊, 有什么事吗?

Shì a, yǒu shénme shì ma

쓰 아, 여우 션머 쓰 마

네, 그렇습니다. 무슨 일이십니까?

Check Point!

프런트에서 체크인을 마치면 열쇠를 받아 배정된 방으로 짐을 가지고 들어갑니다. 만약 짐이 많을 경우에는 벨보이에게 부탁하면 됩니다. 룸서비스는 객실에서 식사를 하거나 음료, 주류 등을 마시고 싶을 때 이용합니다. 메뉴를 선택하여 전화를 걸면 객실로 배달해 주며 음식 값은 룸 차지(Room Charge)로 해두면 체크아웃할 때 정산됩니다.

룸서비스를 부탁할게요.

我需要客房服务。

Wǒ xūyào kèfáng fúwù
워 쒸야오 커팡 푸우

칫솔을 갖다 주세요.

请给我拿牙刷。

Qǐng gěi wǒ ná yáshuā
칭 게이 워 나 야쑤아

아침식사를 제 방까지 갖다주세요.

请把早餐送到我的房间。

Qǐng bǎ zǎocān sòngdào wǒ de fángjiān
칭 바 자오찬 쏭따오 워 더 팡찌엔

제 방을 청소해주세요.

请打扫一下我的房间。

Qǐng dǎsǎo yíxià wǒ de fángjiān
칭 다싸오 이씨아 워 더 팡찌엔

에어컨은 어떻게 조절하죠?

空调温度怎么调?

Kōngtiáo wēndù zěnme tiáo
콩탸오 원뚜 전머 탸오

수건이 없는데요.

没有毛巾。

Méiyǒu máojīn
메이여우 마오찐

16 대화 다시듣기

A: 룸서비스인가요?
B: 네, 그렇습니다. 무슨 일이십니까?

172

숙박

Unit
17

호텔에서의 트러블

 Mini Talk

A: 卫生间的水冲不下去。

Wèishēngjiān de shuǐ chōng bú xiàqù

웨이성찌엔 더 수이 총 부 씨아취

화장실 물이 안 내려가는데요.

B: 我们马上派人去修理。

Wǒmen mǎshàng pài rén qù xiūlǐ

워먼 마쌍 파이 런 취 씨우리

지금 곧 사람을 보내
수리해드리겠습니다.

 Check Point!

호텔에 머물다 보면 서비스나 이용에 대한 불만이 생길 수도 있습니다. 따라서 호텔 이용이 모두 만족할 수는 없습니다. 머무르고 있는 방에 타월이나 세면도구 등의 비품이 제대로 갖추어져 있지 않거나 가전제품의 고장으로 인한 불편이 있을 수 있습니다. 또한 도난사고도 있을 수 있습니다. 문제가 발생했을 때는 반드시 프런트 데스크에 연락을 취해 해결하도록 합시다.

방문을 열 수가 없네요.

房门打不开。

Fángmén dǎ bù kāi
팡먼 다 뿌 카이

욕실에 더운물이 안 나오는데요.

浴室里不出热水。

Yùshì lǐ bù chū rèshuǐ
위쓰 리 뿌 추 르어수이

방 전등이 고장났어요.

房间的灯坏了。

Fángjiān de dēng huài le
팡찌엔 더 떵 화이 러

에어컨이 고장났는데요.

空调坏了。

Kōngtiào huài le
콩탸오 화이 러

텔레비전 화면이 안 나오는데요.

电视机没有画面。

Diànshìjī méiyǒu huàmiàn
띠엔쓰찌 메이여우 화미엔

냉장고가 고장났어요.

冰箱出了毛病。

Bīngxiāng chū le máobìng
삥씨앙 추 러 마오삥

A: 화장실 물이 안 내려가는데요.
B: 지금 곧 사람을 보내 수리해드리겠습니다.

Unit 18

숙박

체크아웃 준비

Mini Talk

A: 我想结帐。

Wǒ xiǎng jiézhàng

워 시앙 지에짱

체크아웃하고 싶은데요.

B: 几号房间?

Jǐ hào fángjiān

지 하오 팡찌엔

몇 호실입니까?

Check Point!

드디어 여행을 마치면 호텔에서의 체크아웃을 준비합니다. 만약 아침 일찍 호텔을 떠날 때는 가능하면 전날 밤 짐을 꾸려 다음날 아침 짐을 가지러 오도록 미리 프런트에 부탁해두면 됩니다. 택시를 부르거나 공항버스 시각을 알아두고 체크아웃 예약도 전날 밤 해두면 여유롭게 출발할 수 있습니다. 체크아웃을 위해 방을 나갈 때는 잃은 물건이 없는지 확인하도록 합시다.

체크아웃 할게요.

我要退房。

Wǒ yào tuìfáng
워 야오 투이팡

체크아웃 시간은 몇 시까지인가요?

退房截止时间是几点?

Tuìfáng jiézhǐ shíjiān shì jǐdiǎn
투이팡 지에즈 스찌엔 쓰 지디엔

내일 아침 6시에 택시를 예약하고 싶은데요.

明天早上六点我要出租车。

Míngtiān zǎoshàng liùdiǎn wǒ yào chūzūchē
밍티엔 자오쌍 리우디엔 워 야오 추쭈처

하루 앞당겨 체크아웃하고 싶은데요.

我想提前一天退房。

Wǒ xiǎng tíqián yītiān tuì fáng
워 시앙 티치엔 이티엔 투이팡

하루 더 묵고 싶은데요.

我还想住一天。

Wǒ hái xiǎng zhù yìtiān
워 하이 시앙 쭈 이티엔

오늘 떠나고 싶은데요.

我今天就走。

Wǒ jīntiān jiù zǒu
워 찐티엔 찌우 저우

18 대화 다시듣기

A: 체크아웃하고 싶은데요. ☐ ☐ ☐
B: 몇 호실입니까?

Unit
19

🔊 숙박

체크아웃

Mini Talk

A: 可以用信用卡结帐吗?

Kěyǐ yòng xìnyòngkǎ jiézhàng ma

커이 용 씬용카 지에짱 마

신용카드로 결제가 되나요?

B: 可以, 请您在这儿签字。

Kěyǐ, qǐng nín zài zhèr qiānzì

커이, 칭 닌 짜이 쩔 치엔쯔

네, 여기에 사인을 해주십시오.

Check Point!

중국에서 호텔의 서비스맨을 부를 때 남녀 성별을 가리지 않고 모두 服务员 (fúwùyuán)이라고 부릅니다. 만약 귀중품을 객실 내에서 분실했다 해도 호텔측의 책임을 물 수 없습니다. 실내에 금고가 없는 경우에는 몸에 지니고 다니든지 아니면 보관함에 보관합니다. 보관함은 프런트에서 본인의 이름 및 객실번호 등을 기입한 서류를 작성하여 신청합니다.

지금 체크아웃을 할게요.

我现在就退房。

Wǒ xiànzài jiù tuìfáng

워 시엔짜이 찌우 투이팡

요금명세표를 주세요.

请给我帐单。

Qǐng gěi wǒ zhàngdān

칭 게이 워 짱딴

이것은 무슨 비용인가요?

这是什么费用?

Zhè shì shénme fèiyòng

쩌 쓰 션머 페이용

제 짐 좀 옮겨 주세요.

请帮我搬一下行李。

Qǐng bāng wǒ bān yīxià xíngli

칭 빵 워 빤 이씨아 싱리

택시를 불러 주시겠어요?

能给我叫出租车吗?

Néng gěi wǒ jiào chūzūchē ma

넝 게이 워 쨔오 추쭈처 마

방에 물건을 놓고 나왔는데요.

我把东西落在房间里了。

Wǒ bǎ dōngxi là zài fángjiān lǐ le

워 바 똥시 라 짜이 팡찌엔 리 러

19 대화 다시듣기

A: 신용카드로 결제가 되나요? □ □ □

B: 네, 여기에 사인을 해주십시오.

Unit
20

🔊 숙박

초대소 이용하기

Mini Talk

A: 一个房间里有几个床位?

Yīgè fángjiān lǐ yǒu jǐgè chuángwèi

이꺼 팡찌엔 리 여우 지꺼 추앙웨이

방 하나에 침대는 몇 개죠?

B: 一个房间四个。

Yīgè fángjiān sìgè

이꺼 팡찌엔 쓰꺼

방 하나에 4개 있습니다.

Check Point!

외국인 여행자들이 머물 수 있는 곳은 주로 호텔이며 여관이나 초대소 등에서는 외국인 숙박이 불가능합니다. 그러나 지역에 따라 외국인 숙박 시설이 없는 곳에서는 숙박이 가능하며 싼 가격으로 숙박하려는 배낭여행자들은 초대소를 이용하기도 합니다. 초대소는 싼 가격으로 손님을 끌고 있는데 가격에 따라 화장실이나 샤워실을 공동으로 사용하는 경우가 많습니다.

여럿이 머물 수 있는 방은 있나요?

有多人房吗?

Yǒu duō rén fáng ma

여우 뚜어 런 팡 마

방 하나에 침대는 몇 개죠?

一个房间里有几个床位?

Yīgè fángjiān lǐ yǒu jǐgè chuángwèi

이꺼 팡찌엔 리 여우 지꺼 추앙웨이

유학생 할인은 있습니까?

有没有留学生优待?

Yǒuméiyǒu liúxuéshēng yōudài

여우메이여우 리우쉬에썽 여우따이

저는 유학생이 아닌데 묵을 수 있나요?

我不是留学生, 可以住吗?

Wǒ búshì liúxuéshēng, kěyǐ zhù ma

워 부스 리우쉬에썽, 커이 쭈 마

외국인도 숙박할 수 있습니까?

接待外国人吗?

Jiēdài wàiguórén ma

찌에따이 와이궈런 마

뜨거운 물은 몇 시부터 쓸 수 있죠?

从几点可以使用热水?

Cóng jǐdiǎn kěyǐ shǐyòng rèshuǐ

총 지디엔 커이 스용 르어수이

20 대화 다시듣기

A: 방 하나에 침대는 몇 개죠? □ □ □

B: 방 하나에 4개 있습니다.

180

Unit
21

식사

식당을 찾을 때

Mini Talk

A: 你喜欢吃中国菜吗?

　　Nǐ xǐhuān chī zhōngguócài ma

　　니 시환 츠 쭝궈차이 마

　　중국요리를 좋아하세요?

B: 我很喜欢吃中国菜。

　　Wǒ hěn xǐhuān chī zhōngguócài

　　워 헌 시환 츠 쭝궈차이

　　전 중국요리를 아주 즐겨 먹습니다.

Check Point!

여행을 하다 보면 먹거리의 즐거움을 빼놓을 수 없습니다. 대도시를 제외하곤 한국식당을 찾기란 그리 쉽지 않은데 크게 비위가 상하지 않으면 될 수 있는 한 그 나라의 전통적인 음식을 맛보면서 다양한 먹거리를 체험해 보는 것도 좋습니다. 근처에 한국음식점이 있는지를 물을 때는 这附近有韩式餐厅吗(Zhè fùjìn yǒu hánshì cāntīng ma)?라고 하면 됩니다.

저기요, 이 근처에 괜찮은 식당 좀 알려 주시겠어요?

请问，这儿附近有没有好一点的餐厅?

Qǐngwèn, zhèr fùjìn yǒuméiyǒu hǎo yìdiǎn de cāntīng
칭원, 쩔 푸찐 여우메이여우 하오 이디엔 더 찬팅

여기 명물요리를 먹고 싶은데요.

我很想尝尝本地的风味。

Wǒ hěn xiǎng chángcháng běndì de fēngwèi
워 헌 시앙 창창 번띠 더 펑웨이

이 근처에 한식점이 있습니까?

这附近有韩式餐厅吗?

Zhè fùjìn yǒu hánshì cāntīng ma
쩌 푸찐 여우 한쓰 찬팅 마

별로 안 비싼 식당이 좋겠는데요.

最好是便宜一点的餐厅。

Zuìhǎo shì piányi yìdiǎn de cāntīng
쭈이하오 쓰 피엔이 이디엔 더 찬팅

조용한 분위기의 식당이 좋겠는데요.

我喜欢比较安静的餐厅。

Wǒ xǐhuan bǐjiào ānjìng de cāntīng
워 시환 비쨔오 안찡 더 찬팅

사람이 많은 식당이 좋겠는데요.

我喜欢热闹一点的餐厅。

Wǒ xǐhuān rènao yìdiǎn de cāntīng
워 시환 르어나오 이디엔 더 찬팅

21 대화 다시듣기

☐ ☐ ☐

A: 중국요리를 좋아하세요?

B: 전 중국요리를 아주 즐겨 먹습니다.

🔊 식사

식당 예약

A: 你们那儿可以预定吗?

Nǐmen nàr kěyǐ yùdìng ma

니먼 날 커이 위띵 마

예약할 수 있나요?

B: 对不起, 今天已经订满了。

Duìbuqǐ, jīntiān yǐjīng dìng mǎn le

뚜이부치, 찐티엔 이찡 띵 만 러

미안합니다. 오늘밤은 예약이
끝났습니다.

Check Point!

중국음식은 모든 사람이 부담감 없이 먹을 수 있습니다. 중국어로 식당은 饭馆(fànguǎn) 또는 饭店(fàndiàn)이라고 합니다. 고급음식점부터 분식집 같은 작은 식당, 도시락이나 덮밥 등 간단한 음식을 포장해주는 길거리 음식점까지 다양합니다. 규모가 큰 음식점에서는 넓은 홀보다 작은방 包间(bāojiān)을 이용하면 조용하고 편하게 주문해서 먹을 수 있습니다.

예약을 하고 싶은데, 빈자리가 있나요?

我要预定, 有空席吗?

Wǒ yào yùdìng, yǒu kòngxí ma

워 야오 위띵, 여우 콩시 마

룸으로 예약할게요.

我要预定包房。

Wǒ yào yùdìng baōfáng

워 야오 위띵 빠오팡

창가 테이블로 주세요.

我要预定靠近窗户的餐桌。

Wǒ yào yùdìng kàojìn chuānghu de cānzhuō

워 야오 위띵 카오찐 추앙후 더 찬쭈어

몇 테이블 예약하시겠습니까?

您要预定几桌?

Nín yào yùdìng jǐ zhuō

닌 야오 위띵 지 쭈어

세트메뉴로 예약할게요.

我要预定套餐。

Wǒ yào yùdìng tàocān

워 야오 위띵 타오찬

성함과 전화번호를 말씀해 주십시오.

请告诉我您的姓名和电话号吗?

Qǐng gàosu wǒ nín de xìngmíng hé diànhuàhào ma

칭 까오쑤 워 닌 더 씽밍 허 띠엔화하오 마

22 대화 다시듣기   □ □ □

A: 예약할 수 있나요?

B: 미안합니다. 오늘밤은 예약이 끝났습니다.

184

Unit
23

식사

자리에 앉을 때까지

Mini Talk

A: 我没有预定, 有空桌吗?

Wǒ méiyǒu yùdìng, yǒu kōngzhuō ma

워 메이여우 이띵, 여우 콩쭈어 마

예약을 안 했는데, 자리는 있나요?

B: 有, 请跟我来。

Yǒu, qǐng gēn wǒ lái

여우, 칭 껀 워 라이

있습니다. 이쪽으로 오십시오.

Check Point!

여행 중에 찾아오는 공복을 해결하기 위해 원하는 식당을 찾아갔는데 자리가 다 찼거나 줄을 서서 기다리는 상황이라면 입구에서 기다렸다 종업원의 안내에 따라 자리에 앉으면 됩니다. 그렇지 않은 식당이라면 일단 들어가서 자리에 앉습니다. 만약 미리 예약을 하고 식당에 왔다면 점원에게 이름을 말하면 시간과 인원을 확인한 후 친절하게 안내해줄 겁니다.

어서 오십시오. 예약은 하셨습니까?

欢迎光临，您预定了吗?

Huānyíng guānglín, nín yùdìng le ma
환잉 꽝린, 닌 위띵 러 마

죄송합니다만, 자리가 다 찼습니다.

对不起，已经客满了。

Duìbuqǐ, yǐjīng kè mǎn le
뚜이부치, 이찡 커 만 러

얼마나 기다려야 하죠?

要等多长时间?

Yào děng duōcháng shíjiān
야오 덩 뚜어창 스찌엔

빈 좌석이 있습니다. 이쪽으로 오십시오.

还有空桌，请跟我来。

Háiyǒu kòngzhuō, qǐng gēn wǒ lái
하이여우 콩쭈어, 칭 껀 워 라이

지금은 자리가 다 차서 좌석이 없습니다.

现在已经满了，没有空桌。

Xiànzài yǐjīng mǎn le, méiyǒu kòngzhuō
시엔짜이 이찡 만 러, 메이여우 콩쭈어

창가 쪽 좌석으로 주세요.

我要靠近窗户的位子。

Wǒ yào kàojìn chuānghu de wèizi
워 야오 카오찐 추앙후 더 웨이즈

23 대화 다시듣기

A: 예약을 안 했는데, 자리는 있나요?   □ □ □

B: 있습니다. 이쪽으로 오십시오.

186

 식사

Unit
24

메뉴를 볼 때

Mini Talk

A: 我先看菜单, 菜单在哪里?

Wǒ xiān kàn càidān, càidān zài nǎlǐ

워 시엔 칸 차이딴, 차이딴 짜이 나리

먼저 메뉴를 보여주세요. 메뉴판이 어디 있죠?

B: 菜单在这里, 给您。

Càidān zài zhèlǐ, gěi nín

차이딴 짜이 쩌리, 게이 닌

메뉴는 여기 있습니다.

Check Point!

중국요리는 메뉴에 있는 이름을 읽기도 어려운데 직원에게 제일 잘 하는 요리를 물어보면 추천해줍니다. 이런 요리를 拿手菜(náshǒucài)나 招牌菜(zhāopáicài)라고 합니다. 인원수에 맞추어 고기요리와 생선요리를 주문하고 탕과 밥을 주문합니다. 또 식사와 함께 음료나 술을 같이 마시고 별도로 주문하지 않아도 뜨거운 차를 계속 마실 수 있습니다.

187

손님, 주문하시겠습니까?

先生，请您点菜。

Xiānshēng, qǐng nín diǎncài
시엔셩, 칭 닌 디엔차이

주문할게요.

我要点菜。

Wǒ yào diǎncài
워 야오 디엔차이

메뉴판 좀 줄래요?

请给我菜单。

Qǐng gěi wǒ càidān
칭 게이 워 차이딴

좀 있다가 주문할게요.

等一会儿再点。

Děng yíhuìr zài diǎn
덩 이후알 짜이 디엔

지금 주문하시겠습니까?

您现在就点吗?

Nín xiànzài jiù diǎn ma
닌 시엔짜이 찌우 디엔 마

다 온 다음에 주문할게요.

等都来了再点。

Děng dōu lái le zàidiǎn
덩 떠우 라이 러 짜이디엔

24 대화 다시듣기

A: 먼저 메뉴를 보여주세요. 메뉴판이 어디 있죠? ☐ ☐ ☐
B: 메뉴는 여기 있습니다.

188

Unit
25

식사

주문할 때

Mini Talk

A: 这道菜要怎么做呢?
Zhè dào cài yào zěnme zuò ne
쩌 따오 차이 야오 전머 쭈어 너

이 요리는 어떻게 해드릴까요?

B: 我喜欢烤得熟一点。
Wǒ xǐhuan kǎo de shú yìdiǎn
워 시환 카오 더 수 이디엔

전 완전히 구운 것을 좋아해요.

Check Point!

말이 잘 통하지 않더라도 대부분의 식당이 메뉴와 함께 그 요리에 관한 사진이 있으므로 메뉴를 보면 그 요리 내용을 대충 알 수 있습니다. 메뉴를 보고 싶을 때는 종업원에게 请给我看一下菜单(Qǐnggěi wǒ kàn yí xià cài dān)이라고 합니다. 메뉴에 있는 요리를 알고 싶을 때 这是什么菜(Zhè shì shénme cài)?라고 물으면 종업원은 친절하게 설명해줍니다.

어떤 요리를 주문하겠습니까?

您要点什么菜?

Nín yào diǎn shénme cài
닌 야오 디엔 션머 차이

어느 게 괜찮아요?

点哪个好?

Diǎn nǎge hǎo
디엔 나거 하오

이곳 명물요리는 있나요?

有本地名菜吗?

Yǒu běndì míngcài ma
여우 번띠 밍차이 마

여기서 제일 잘하는 요리는 뭔가요?

你们这儿最拿手的菜是什么?

Nǐmen zhèr zuì náshǒu de cài shì shénme
니먼 쩔 쭈이 나셔우 더 차이 쓰 션머

이건 무슨 요리죠?

这是什么菜?

Zhè shì shénme cài
쩌 쓰 션머 차이

이 요리 특색은 뭔가요?

这是什么风味的菜?

Zhè shì shénme fēngwèi de cài
쩌 쓰 션머 펑웨이 더 차이

25 대화 다시듣기

A: 이 요리는 어떻게 해드릴까요?　　□ □ □

B: 전 완전히 구운 것을 좋아해요.

190

Unit
26

식사

식당에서의 트러블

Mini Talk

A: 先生，您有什么事?

Xiānshēng, nín yǒu shénme shì

시엔셩, 닌 여우 션머 쓰

손님, 무슨 일이십니까?

B: 你搞错了，我们没点这个菜。

Nǐ gǎocuò le, wǒmen méi diǎn zhège cài

니 가오추어 러, 워먼 메이 디엔 쩌거 차이

**잘못 나온 것 같아요. 이 요리는
주문하지 않았는데요.**

Check Point!

많은 사람들로 식당이 붐빌 때는 가끔 종업원들로 헷갈리는 경우가 있습니다. 예를 들어 한참 기다려도 요리가 나오지 않을 때는 我们点的菜什么时候来(Wǒmen diǎn de cài shénmeshíhòu lái)?라고 해보십시오. 또한 주문하지도 않은 요리가 나왔을 때는 这不是我们点的菜(Zhè búshì wǒmen diǎn de cài)라고 말하면 됩니다.

우리가 주문한 요리는 언제 나와요?

我们点的菜什么时候来?

Wǒmen diǎn de cài shénmeshíhòu lái

워먼 디엔 더 차이 션머스허우 라이

이건 우리가 주문한 요리가 아닌데요.

这不是我们点的菜。

Zhè búshì wǒmen diǎn de cài

쩌 부쓰 워먼 디엔 더 차이

아직 요리가 한 가지 안 나왔는데요.

还有一道菜没上。

Háiyǒu yídào cài méi shàng

하이여우 이따오 차이 메이 쌍

주문한 요리를 바꾸고 싶은데요.

我想换我们点的菜。

Wǒ xiǎng huàn wǒmen diǎn de cài

워 시앙 환 워먼 디엔 더 차이

냄새가 이상해요. 상한 거 아닌가요?

味道奇怪，是不是变质了?

Wèidào qíguài, shìbúshì biànzhì le

웨이따오 치꽈이, 쓰부쓰 삐엔쯔 러

이 고기는 덜 익은 것 같은데요.

这肉好象没熟透。

Zhè ròu hǎoxiàng méi shútòu

쩌 러우 하오시앙 메이 수터우

26 대화 다시듣기

A: 손님, 무슨 일이십니까? ☐ ☐ ☐

B: 잘못 나온 것 같아요. 이 요리는 주문하지 않았는데요.

식사

Unit 27

식사를 하면서

Mini Talk

A: 能再帮我加一些茶水吗?

Néng zài bāng wǒ jiā yìxiē cháshuǐ ma

넝 짜이 빵 워 찌아 이씨에 차수이 마

찻물 좀 더 따라주세요.

B: 当然可以, 您稍等。

Dāngrán kěyǐ, nín shāo děng

땅란 커이, 닌 샤오 덩

알겠습니다. 잠시만 기다리십시오.

Check Point!

중국의 먹을 거리 문화는 세계적으로 유명합니다. 지역별로 재료와 맛의 차이가 독특하고 특유의 향료를 사용하기도 하지만, 출장자들이 며칠 보내며 식사를 해결하는 데는 거의 문제가 없습니다. 외국인 투자 증가와 유동인구의 증가로 한식, 일식 등 다양한 식당이 속속 생겨나고 있어 대도시의 경우 전 세계 다양한 음식을 중국에서 찾을 수 있습니다.

접시 하나 주세요.

我要一个碟子。

Wǒ yào yígè diézi
워 야오 이꺼 디에즈

젓가락을 바꿔주세요.

我要换一双筷子。

Wǒ yào huàn yìshuāng kuàizi
워 야오 환 이쑤앙 콰이즈

젓가락 하나 더 주세요.

请再拿一双筷子。

Qǐng zài ná yìshuāng kuàizi
칭 짜이 나 이쑤앙 콰이즈

밥 한 공기 더 주세요.

再来一碗米饭。

Zài lái yìwǎn mǐfàn
짜이 라이 이완 미판

물 한 컵 갖다줄래요?

来一杯水可以吗?

Lái yìbēi shuǐ kěyǐ ma
라이 이뻬이 수이 커이 마

티슈 좀 갖다 주세요.

请给我拿餐巾纸。

Qǐng gěi wǒ ná cānjīnzhǐ
칭 게이 워 나 찬찐즈

27 대화 다시듣기

A: 찻물 좀 더 따라주세요.
B: 알겠습니다. 잠시만 기다리십시오.

식사

음식맛의 표현

 Mini Talk

A: 味道怎么样?

Wèidao zěnmeyàng

웨이다오 전머양

맛이 어때요?

B: 很好吃。

Hěn hǎochī

헌 하오츠

아주 맛있네요.

 Check Point!

음식맛을 물을 때는 味道怎么样(Wèidao zěnmeyàng)?라고 합니다. 만약 음식이 맛있다면 很好吃(Hěn hǎochī)라고 하며, 반대로 맛이 없을 때는 不好吃(bù hǎochī)라고 하면 됩니다. 중국식당에 가면 참으로 다양한 요리가 나옵니다. 입맛을 나타내는 단어로는 舔(tián 달다), 酸(suān 시다), 苦(kǔ 쓰다), 咸(xián 짜다), 辣(là 맵다) 등이 있습니다.

맛이 어때요?

味道怎么样?

Wèidao zěnmeyàng

웨이다오 전머양

맛이 없네요.

不好吃。

bù hǎochī

뿌 하오츠

이 요리 맛 좀 보세요.

请尝尝这道菜。

Qǐng chángcháng zhè dao cài

칭 창창 쩌 다오 차이

이 요리는 아주 맛있네요.

这道菜很香。

Zhè dao cài hěn xiāng

쩌 다오 차이 헌 씨앙

보기만 해도 군침이 도네요.

看着我都流口水了。

Kànzhe wǒ dōu liúkǒushuǐ le

칸저 워 떠우 리우커우수이 러

냄새를 맡아보세요. 아주 향기로워요.

你也闻一下, 很香。

Nǐ yě wén yíxià, hěn xiāng

니 예 원 이씨아, 헌 씨앙

28 대화 다시듣기

A: 맛이 어때요?

B: 아주 맛있네요.

Unit 29

식사

식당에서의 계산

Mini Talk

A: 服务员，买单。有单据吗?

Fúwùyuán, mǎi dān. Yǒu dānjù ma

푸우위엔, 마이 딴. 여우 딴쮜 마

종업원, 계산합시다. 계산서는요?

B: 有，给你。

Yǒu, gěi nǐ

여우, 게이 니

여기 있습니다.

Check Point!

드디어 식사가 끝나면 손을 들어서 종업원(服务员 Fúwùyuán)을 불러 我要结帐(Wǒ yào jiézhàng)이라고 계산서를 부탁하거나, 계산을 어디서 하는지 물을 때는 在哪儿结帐(Zài nǎr jiézhàng)?이라고 말하면 됩니다. 음식값이 모두 얼마 나왔는지 물을 때는 一共多少钱(Yígòng duōshǎo qián)?이라고 하며, 자신이 계산할 때는 我来付钱(Wǒ lái fùqián)이라고 합니다.

계산 좀 할게요.

我要结帐。

Wǒ yào jiézhàng
워 야오 지에짱

계산은 어디서 하죠?

在哪儿结帐?

Zài nǎr jiézhàng
짜이 날 지에짱

모두 얼마예요?

一共多少钱?

Yígòng duōshǎo qián
이꽁 뚜어샤오 치엔

여기에 사인하십시오.

请您在这儿签字。

Qǐng nín zài zhèr qiānzì
칭 닌 짜이 쩔 치엔쯔

영수증을 주세요.

请给我开发票。

Qǐng gěi wǒ kāi fāpiào
칭 게이 워 카이 파퍄오

제가 계산할게요.

我来付钱。

Wǒ lái fùqián
워 라이 푸치엔

29 대화 다시듣기

A: 종업원, 계산합시다. 계산서는요?

B: 여기 있습니다.

 식사

Unit 30

학습일 /

술을 마실 때

Mini Talk

A: 您要什么酒啊?

Nín yào shénme jiǔ a

닌 야오 션머 지우 아

어떤 술을 드시겠습니까?

B: 就来啤酒吧，还有什么下酒菜?

Jiù lái píjiǔ bā, háiyǒu shénme xiàjiǔcài

찌우 라이 피지우 빠,

하이여우 션머 씨아지우차이

맥주로 주세요.

그리고 안주는 뭐가 있죠?

Check Point!

중국어로 '건배'는 干杯(gānbēi)라고 합니다. 글자 그대로 잔을 비운다는 뜻인데 来, 干一杯 (lái, gān yì bēi)라고 하면 '자, 한 잔 마셔요'의 의미입니다. 건배를 제의할 때는 为了~, 干杯(wèi le~, gānbēi)!라고 하는데 '~을 위하여, 건배!'의 뜻입니다. 보통의 경우 잔을 비우지 않고 술을 남겨두면 다른 사람들이 억지로 마시라고 강요하지 않습니다.

199

식사 전에 한 잔 하시죠?

饭前喝一杯吧。

Fànqián hē yìbēi ba

판치엔 허 이뻬이 바

술 종류 좀 볼까요?

看一下酒水单吧。

Kàn yíxià jiǔshuǐdān ba

칸 이씨아 지우수이딴 바

저는 콩푸쟈주를 마시고 싶군요.

我想喝孔府家酒。

Wǒ xiǎng hē Kǒngfǔjiājiǔ

워 시앙 허 콩푸찌아지우

맥주 한 병 더 주세요.

再来一瓶啤酒。

Zài lái yìpíng píjiǔ

짜이 라이 이핑 피지우

이 맥주를 찬 것으로 바꿔주세요.

把这啤酒换成冰镇的。

Bǎ zhè píjiǔ huànchéng bīngzhèn de

바 쩌 피지우 환청 삥쩐 더

어떤 종류의 안주가 있나요?

都有什么下酒菜?

Dōu yǒu shénme xiàjiǔcài

떠우 여우 션머 씨아지우차이

30 대화 다시듣기

A: 어떤 술을 드시겠습니까?

B: 맥주로 주세요. 그리고 안주는 뭐가 있죠?

교통

Unit 31

길을 물을 때

Mini Talk

A: **请问这是什么地方?**
Qǐngwèn zhè shì shénme dìfang
칭원 쩌 쓰 션머 띠팡

이곳은 어디입니까?

B: **这里是王府井大街。**
Zhèli shì Wángfǔjǐng dàjiē
쩌리 쓰 왕푸징 따찌에

이곳은 왕푸징 거리입니다.

Check Point!

중국에서 혼자 길을 찾아가는 것은 쉽지 않지만 베이징이나 상하이 같은 대도시는 대중교통이 발달해서 지도와 안내문을 잘 보면 어렵지 않게 목적지를 찾아갈 수 있습니다. 지나가는 사람에게 길을 물어봐야 할 때는 먼저 麻烦你(máfan nǐ), 对不起(duìbuqǐ), 请问(qǐngwèn)과 같이 '실례합니다, 말씀 좀 물을게요'라고 말하면서 질문을 시작하면 됩니다.

실례합니다. 잠깐 여쭙겠습니다.

对不起，请问一下。

Duìbuqǐ, qǐngwèn yíxià
뚜이부치, 칭원 이씨아

천안문까지 어떻게 가죠?

到天安门怎么走?

Dào Tiān'ānmén zěnme zǒu
따오 티엔안먼 전머 저우

여기에서 멀어요?

离这儿远吗?

Lí zhèr yuǎn ma
리 쩔 위엔 마

지하철역은 어떻게 가죠?

地铁站怎么走?

Dìtiězhàn zěnme zǒu
띠티에짠 전머 저우

거긴 어떻게 가죠?

去那儿怎么走?

Qù nàr zěnme zǒu
취 날 전머 저우

저도 같은 방향으로 가는 길입니다.

我正好和你同路。

Wǒ zhènghǎo hé nǐ tónglù
워 쩡하오 허 니 통루

31 대화 다시듣기

A: 이곳은 어디입니까?
□ □ □
B: 이곳은 왕푸징 거리입니다.

202

Unit
32

교통

택시를 탈 때

Mini Talk

A: 师傅, 去北京饭店。

Shīfu, qù Běijīng fàndiàn

쓰푸, 취 베이찡 판띠엔

기사님, 베이징호텔로 가주세요.

B: 好的, 你要走哪条路?

Hǎode, nǐ yào zǒu nǎ tiáo lù

하오더, 니 야오 저우 나 탸오 루

네, 어떤 길로 갈까요?

Check Point!

택시는 중국어로 出租车(chūzūchē)라고 하는데 영어 TEXI를 음역해서 的士(díshì)라고 부르기도 합니다. '택시를 타다'라고 하려면 坐出租车(zuò chūzūchē)라고 하거나 打车(dǎchē) 또는 打的(dǎdí)라고 합니다. 보통 차량을 운전하는 기사를 司机(sījī)라고 하지만 택시기사를 师傅(shīfu)라고 부릅니다. 목적지를 말할 때는 师傅, 去~(Shīfu, qù~)라고 합니다.

어디서 택시를 탈 수 있습니까?

在哪里能坐出租车?

Zài nǎli néng zuò chūzūchē
짜이 나리 넝 쭈어 추쭈처

트렁크 좀 열어 주세요.

请打开后备箱。

Qǐng dǎkāi hòubèixiāng
칭 다카이 허우뻬이씨앙

어서 오십시오, 어디 가시죠?

欢迎欢迎，你去哪儿?

Huānyíng huānyíng, nǐ qù nǎr
환잉 환잉, 니 취 날

조금 더 천천히 가세요.

请再慢一点。

Qǐng zài màn yìdiǎn
칭 짜이 만 이디엔

저 앞에서 세워주세요.

到前面停车。

Dào qiánmiàn tíngchē
따오 치엔미엔 팅처

다 왔어요, 여기서 세워주세요.

到了，就在这儿停车吧。

Dào le, jiù zài zhèr tíngchē ba
따오 러, 찌우 짜이 쩔 팅처 바

 32 대화 다시듣기

□ □ □

A: 기사님, 베이징호텔로 가주세요.

B: 네, 어떤 길로 갈까요?

204

교통

Unit
33

버스를 탈 때

Mini Talk

A: 去前门要坐几路车?

Qù Qiánmén yào zuò jǐ lù chē

취 치엔먼 야오 쭈어 지 루 처

치엔먼까지 몇 번 버스가 가죠?

B: 没有直达的, 要倒车。

Méiyǒu zhídá de, yào dǎochē

메이여우 즈다 더, 야오 다오처

직접 가는 버스는 없고 환승해야 해요.

Check Point!

중국의 버스 公共汽车(gōnggòngqìchē)는 에어컨이 없는 낡은 버스에서부터 전기로 가는 무궤도열차, 냉난방차, 이층버스 등 종류가 다양합니다. 종류마다 요금도 달라서 동일 요금을 직접 내는 버스도 있고 안내양 售票员(shòupiàoyuán)이 있어 도착지를 말하고 차표를 사는 버스도 있습니다. 버스정류장은 公共汽车站(gōnggòngqìchēzhàn)라고 합니다.

버스정류장은 어디에 있어요?

请问，公共汽车站在哪儿?

Qǐngwèn, gōnggòngqìchēzhàn zài nǎr
칭원, 꽁꽁치처짠 짜이 날

천안문에 가려면 몇 번 버스를 타야 하죠?

去天安门要坐几路车?

Qù Tiān'ānmén yào zuò jǐ lù chē
취 티엔안먼 야오 쭈어 지 루 처

치엔먼까지 가나요?

这路车到前门吗?

Zhè lù chē dào Qiánmén ma
쩌 루 처 따오 치엔먼 마

천안문까지 몇 정거장이죠?

到天安门还要坐几站?

Dào Tiān'ānmén háiyào zuò jǐ zhàn
따오 티엔안먼 하이야오 쭈어 지 짠

도착하면 알려주시겠어요?

到了就告诉我，好吗?

Dào le jiù gàosu wǒ, hǎo ma
따오 러 찌우 까오쑤 워, 하오 마

저 내릴게요.

我要下车。

Wǒ yào xiàchē
워 야오 씨아처

 **33 대화 다시듣기**

A: 치엔먼까지 몇 번 버스가 가죠? ☐ ☐ ☐
B: 직접 가는 버스는 없고 환승해야 해요.

Unit 34

교통

지하철을 탈 때

Mini Talk

A: 从这里到西直门怎么走?

Cóng zhèli dào Xīzhímén zěnme zǒu

총 쩌리 따오 시즈먼 전머 저우

여기서 시즈먼까지 어떻게 가죠?

B: 坐地铁吧, 地铁最快。

Zuò dìtiě ba, dìtiě zuì kuài

쭈어 띠티에 바, 띠티에 쭈이 콰이

지하철을 타세요,

지하철이 제일 빨라요.

Check Point!

대도시에는 지하철이 있으며, 구간별로 요금이 달라 도착지를 확인한 후 매표소에서 표를 구입합니다. 출퇴근시간에는 길이 막혀 택시를 잡기 어렵고 버스도 사람이 많기 때문에 지하철이 가장 편리할 때가 있습니다. 몇 번 출구로 나가야할지 몰라 당황스러울 때는 去 ~从几号出口出去(qù ~cóng jǐ hào chūkǒu chūqù)?라고 물어보면 됩니다.

지하철 노선도 좀 주세요.

请给我一张地铁路线图。

Qǐng gěi wǒ yìzhāng dìtiě lùxiàntú
칭 게이 워 이짱 띠티에 루시엔투

이 근처에 지하철역이 있어요?

这附近有地铁站吗?

Zhè fùjìn yǒu dìtiězhàn ma
쩌 푸찐 여우 띠티에짠 마

자동매표기는 어디에 있어요?

自动售票机在哪里?

Zìdòng shòupiàojī zài nǎli
쯔똥 셔우퍄오찌 짜이 나리

어디서 갈아타죠?

在哪儿换乘?

Zài nǎr huànchéng
짜이 날 환청

다음 역은 어디예요?

下一站是哪里?

Xià yízhàn shì nǎli
씨아 이짠 쓰 나리

어느 역에서 내리죠?

在哪一站下车?

Zài nǎ yízhàn xiàchē
짜이 나 이짠 씨아처

 34 대화 다시듣기

A: 여기서 시즈먼까지 어떻게 가죠?

B: 지하철을 타세요, 지하철이 제일 빨라요.

Unit 35

📢 교통

열차를 탈 때

Mini Talk

A: **去北京的列车有座位吗?**

Qù Běijīng de lièchē yǒu zuòwèi ma

취 베이찡 더 리에처 여우 쭈어웨이 마

베이징까지 가는 열차표 있나요?

B: **有, 你要几张?**

Yǒu, nǐ yào jǐ zhāng

여우, 니 야오 지 짱

있습니다. 몇 장 필요합니까?

Check Point!

넓은 국토와 다양한 지형을 소유하고 있는 중국에는 철도가 거미줄처럼 깔려 있습니다. 중국 사람들은 장거리를 여행할 때 대부분 기차를 타고 갑니다. 여행거리에 따라 좌석이 다양해서 짧은 거리는 앉아서 가고 시간이 많이 걸릴 경우 침대칸을 이용합니다. 기차여행을 계획할 때는 직접 역에 가거나 여행사를 통해 표를 예매하면 편리합니다.

매표소는 어디에 있죠?

售票处在哪里?

Shòupiàochù zài nǎli
셔우퍄오추 짜이 나리

요금은 얼마예요?

票价是多少钱?

Piàojià shì duōshǎo qián
퍄오찌아 쓰 뚜어샤오 치엔

왕복표는 한 장에 얼마죠?

往返票多少钱一张?

Wǎngfǎnpiào duōshao qián yìzhāng
왕판퍄오 뚜어샤오 치엔 이짱

상하이까지 편도 주세요.

请给我到上海的单程票。

Qǐng gěi wǒ dào Shànghǎi de dānchéngpiào
칭 게이 워 따오 쌍하이 더 딴청퍄오

더 이른 열차는 없어요?

没有更早一点儿的吗?

Méiyǒu gèng zǎo yìdiǎnr de ma
메이여우 껑 자오 이디알 더 마

여긴 제 자리인데요.

这是我的座位。

Zhè shì wǒ de zuòwèi
쩌 쓰 워 더 쭈어웨이

35 대화 다시듣기

A: 베이징까지 가는 열차표 있나요? ☐ ☐ ☐
B: 있습니다. 몇 장 필요합니까?

Unit
36

교통

비행기를 탈 때

Mini Talk

A: 您的行李超重了。

Nín de xíngli chāozhòng le

닌 더 싱리 차오쯩 러

수화물 중량이 초과됐습니다.

B: 要付多少钱?

Yào fù duōshao qián

야오 푸 뚜어샤오 치엔

얼마를 내야 하죠?

Check Point!

비행기에서 내리면 검역을 통과하고 입국심사를 거치는데 入境健康检疫申
明卡(검역신고서)와 入境登记卡(입국심사서)는 비행기에서 작성하도록 안
내해줍니다. 중국에서 한국으로 출발할 때는 여유 있게 미리 도착해서 탑승
수속을 하면 되는데 한국인 승객이 많아 한국어를 할 수 있는 직원이 안내해
주는 경우가 많습니다.

항공권을 구하고 싶은데요.

我想买一张飞机票。

Wǒ xiǎng mǎi yìzhāng fēijīpiào
워 시앙 마이 이짱 페이찌퍄오

다른 편은 없습니까?

有没有别的班机?

Yǒuméiyǒu biéde bānjī
여우메이여우 비에더 빤찌

출발시간을 확인하고 싶은데요.

我想确认一下出发时间。

Wǒ xiǎng quèrèn yíxià chūfā shíjiān
워 시앙 취에런 이씨아 추파 스찌엔

탑승일자를 변경하고 싶은데요.

我要变更登机日期。

Wǒ yào biàngēng dēngjī rìqī
워 야오 삐엔껑 떵찌 르치

지금 탑승수속을 할 수 있나요?

现在可以办登机手续吗?

Xiànzài kěyǐ bàn dēngjī shǒuxù ma
시엔짜이 커이 빤 떵찌 셔우쒸 마

여권을 보여주십시오.

请给我看一下您的护照。

Qǐng gěi wǒ kàn yíxià nín de hùzhào
칭 게이 워 칸 이씨아 닌 더 후짜오

36 대화 다시듣기

A: 수화물 중량이 초과됐습니다. ☐ ☐ ☐
B: 얼마를 내야 하죠?

📢 교통

렌터카

Mini Talk

A: **我想租借一辆汽车。**

Wǒ xiǎng zūjiè yíliàng qìchē

워 시앙 쭈찌에 이량 치처

차 한 대 렌트하고 싶은데요.

B: **您要什么型的车?**

Nín yào shénme xíng de chē

닌 야오 션머 싱 더 처

어떤 차종을 원하십니까?

Check Point!

중국은 베이징이나 상하이 등과 같은 대도시는 대중교통이 발달하여 차를 빌려 관광할 일은 많지 않지만, 대도시를 벗어나면 대중교통이 아직도 많이 불편합니다. 렌터카를 빌릴 때는 여권과 국제면허증이 필요합니다. 만일을 대비하여 보험도 잊지 말고 꼭 들어둡시다. 관광시즌에는 한국에서 출발하기 전에 미리 렌터카 회사에 예약을 해두는 게 좋습니다.

이 차는 하루에 얼마죠?

这辆车一天要多少钱?

Zhè liàng chē yītiān yào duōshǎo qián
쩌 량 처 이티엔 야오 뚜어샤오 치엔

선금을 내야 하나요?

要先付钱吗?

Yào xiān fùqián ma
야오 씨엔 푸치엔 마

보증금은 얼마죠?

押金要多少?

Yājīn yào duōshǎo
야찐 야오 뚜어샤오

보험 요금이 포함되어 있나요?

包括保险费吗?

Bāokuò bǎoxiǎnfèi ma
빠오쿠어 바오시엔페이 마

도중에 차를 반환해도 되나요?

可以中途还车吗?

Kěyǐ zhōngtú huán chē ma
커이 쫑투 환 처 마

다른 지역에서 차를 반환해도 되나요?

可以在外地还车吗?

Kěyǐ zài wàidì huán chē ma
커이 짜이 와이띠 환 처 마

 37 대화 다시듣기

A: 차 한 대 렌트하고 싶은데요.　　□ □ □

B: 어떤 차종을 원하십니까?

214

Unit 38

교통

자동차를 운전할 때

Mini Talk

A: **你会开车吗?**

Nǐ huì kāichē ma

니 훼이 카이처 마

운전할 줄 알아요?

B: **我拿到了驾驶执照。**

Wǒ nádào le jiàshǐzhízhào

워 나따오 러 찌아스즈짜오

운전면허증 땄어요.

Check Point!

베이징이든 상하이든 사람들은 주요 간선도로에서도 예사로 무단횡단을 일삼고, 자전거는 더 말할 것도 없으며, 차들도 마찬가지입니다. 또한 AFP는 중국에서 매년 1천 100만 명의 초보운전자들이 적절한 교육 없이 거리로 나오고 있다며 중국 고속도로에서의 치사율이 세계 최고수준을 기록하고 있다고 합니다. 그러나 요즘은 교통질서에 관한 교육이 잘 이루어지고 있답니다.

차를 운전할 줄 아세요?

你会开车吗?

Nǐ huì kāichē ma
니 훼이 카이처 마

근처에 주유소 있어요?

这附近有没有加油站?

Zhè fùjìn yǒuméiyǒu jiāyóuzhàn
쩌 푸찐 여우메이여우 찌아여우짠

보통 휘발유로 가득 채워 주세요.

要一般汽油，请装满。

Yào yìbān qìyóu, qǐng zhuāng mǎn
야오 이빤 치여우, 칭 쭈앙 만

펑크가 났어요.

有个轮胎爆胎了。

Yǒu gè lúntāi bàotāi le
여우 꺼 룬타이 빠오타이 러

이 부근에 주차장이 있나요?

这附近有停车场没有?

Zhè fùjìn yǒu tíngchēchǎng méiyǒu
쩌 푸찐 여우 팅처창 메이여우

이곳에 주차해도 될까요?

这儿可以停车吗?

Zhèr kěyǐ tíngchē ma
쩔 커이 팅처 마

38 대화 다시듣기

☐ ☐ ☐

A: 운전할 줄 알아요?

B: 운전면허증 땄어요.

216

Unit 39

교통

길을 잃었을 때

Mini Talk

A: 我要去颐和园, 可是我迷路了。

Wǒ yào qù Yíhéyuán, kěshì wǒ mílù le

워 야오 취 이허위엔, 커쓰 워 미루 러

이화원에 가려고 하는데 길을 잃었어요.

B: 不好意思, 我也不是本地人。

Bùhǎoyìsi, wǒ yě búshì běndìrén

뿌하오이쓰, 워 예 부쓰 번띠런

미안합니다, 저도 여기 사람이
아니에요.

Check Point!

한번쯤은 여행을 하다 길을 잃어버려 당황한 경험이 있을 겁니다. 중국어로 길을 잃었다는 표현은 迷路(mílù)라고 합니다. 我迷路了(wǒ mílù le)라고 하면 길을 잃어버렸을 때도 쓰고 생각을 종잡을 수 없어 혼란스러울 때도 은유적으로 쓸 수 있습니다. 길을 잃어버렸을 때 '이곳은 어디인가요?'라고 물어보려면 这是什么地方(zhè shì shénme dìfang)?이라고 합니다.

제가 길을 잘못 들었나요?

是我走错了吗?

Shì wǒ zǒu cuò le ma
쓰 워 저우 추어 러 마

길을 잃었어요.

我迷路了。

Wǒ mílù le
워 미루 러

어디에 가시죠?

去哪里?

Qù nǎli
취 나리

길을 잘못 드셨네요.

你走错路了。

Nǐ zǒu cuò lù le
니 저우 추어 루 러

이 길이 아닌가요?

不是这条路吗?

Búshì zhè tiáo lù ma
부쓰 쩌 탸오 루 마

차를 잘못 타셨어요.

你搭错车了。

Nǐ dā cuò chē le
니 따 추어 처 러

 39 대화 다시듣기

A: 이화원에 가려고 하는데 길을 잃었어요.

B: 미안합니다, 저도 여기 사람이 아니에요.

218

Unit 40 교통

교통사고가 났을 때

 Mini Talk

A: 你没事吧?
Nǐ méi shì ba
니 메이 쓰 바
괜찮으세요?

B: 我没事, 可是一动也动不了了。
Wǒ méi shì, kěshì yídòng yě dòng bùliǎo le
워 메이 쓰, 커쓰 이똥 예 똥 뿌랴오 러
전 괜찮은데 움직일 수가 없어요.

Check Point!

중국은 운전자들이 운전을 험하게 하고 교통이 혼잡해서 교통사고가 빈번하게 일어나는 곳입니다. 중국에서 교통사고가 발생했을 때 즉시 122 혹은 110으로 신고하고 현장을 보존하고 증거와 증인을 확보해야 합니다. 현장을 보존함과 동시에 목격자와 인명피해 정도, 차량 파손상태, 관련 차량번호, 보험 가입 여부 등을 확인하고 기록합니다.

교통사고가 났어요.

出事故了。

Chū shìgù le

추 쓰꾸 러

어서 신고하세요.

快打电话报警。

Kuài dǎ diànhuà bàojǐng

콰이 다 띠엔화 빠오징

구급차를 불러 주세요.

快叫救护车。

Kuài jiào jiùhùchē

콰이 쨔오 찌우후처

저를 병원으로 데려가 주시겠어요?

请送我到医院可以吗?

Qǐng sòng wǒ dào yīyuàn kěyǐ ma

칭 쏭 워 따오 이위엔 커이 마

당시 상황을 알려주세요.

请告诉我当时的情况。

Qǐng gàosu wǒ dāngshí de qíngkuàng

칭 까오쑤 워 땅스 더 칭쾅

상황이 잘 기억나지 않아요.

记不清是什么情况了。

Jìbùqīng shì shénme qíngkuàng le

찌뿌칭 쓰 션머 칭쾅 러

40 대화 다시듣기

A: 괜찮으세요?

B: 전 괜찮은데 움직일 수가 없어요.

□□□

220

Unit
41

 관광

관광안내소에서

Mini Talk

A: 请问, 这附近有没有好玩儿的地方?

Qǐngwèn, zhè fùjìn yǒuméiyǒu hǎowánr de dìfang

칭원, 쩌 푸찐 여우메이여우 하오왈 더 띠팡

저기요, 근처에 좋은 곳이 있나요?

B: 这儿离天坛公园很近, 可以走着去。

Zhèr lí Tiāntán gōngyuán hěn jìn, kěyǐ zǒuzhe qù

쩔 리 티엔탄 꽁위엔 헌 찐,

커이 저우저 취

티엔탄 공원이 가까워요.

걸어서 갈 수 있어요.

Check Point!

중국에는 우리나라처럼 관광지마다 안내소가 잘 갖춰 있지는 않습니다. 처음 간 외국인이 이런저런 정보를 물어볼 기관이 없어 불편하기도 하지만 모르는 사람에게 물어보는 과정에서 살아있는 중국어 학습을 할 수 있어 좋은 추억을 만들 수도 있습니다. 보통 '안내소'라고 하면 问讯处 (wènxùnchù) 또는 咨询台(zīxúntái)라고 합니다.

안내소는 어디에 있어요?

问讯处在哪里?

Wènxùnchù zài nǎli
원쒼추 짜이 나리

관광지도 좀 주세요.

请给我一张观光地图。

Qǐng gěi wǒ yìzhāng guānguāngdìtú
칭 게이 워 이짱 꽝꽝띠투

여기에는 어떤 명승지가 있어요?

这里都有什么名胜?

Zhèli dōu yǒu shénme míngshèng
쩌리 떠우 여우 션머 밍셩

당일치기로 어디가 좋을까요?

一日游去哪里好呢?

Yírì yóu qù nǎli hǎo ne
이르 여우 취 나리 하오 너

할인 티켓은 없나요?

有没有打折票?

Yǒuméiyǒu dǎzhé piào
여우메이여우 다저 퍄오

여기서 걸어서 갈 수 있어요?

从这里可以走着去吗?

Cóng zhèli kěyǐ zǒuzhe qù ma
총 쩌리 커이 저우저 취 마

 **니 대화 다시듣기**

A: 저기요, 근처에 좋은 곳이 있나요? ☐ ☐ ☐

B: 티엔탄 공원이 가까워요. 걸어서 갈 수 있어요.

222

Unit 42

관광

관광버스·투어를 이용할 때

Mini Talk

A: 我想游览一下北京市。

Wǒ xiǎng yóulǎn yíxià Běijīngshì

워 시앙 여우란 이씨아 베이찡쓰

베이징 시내 관광을 하고 싶은데요.

B: 您要游览一天，还是?

Nín yào yóulǎn yìtiān, háishì

닌 야오 여우란 이티엔, 하이쓰

당일 코스를 원하십니까, 아니면?

Check Point!

패키지 여행으로 단체관광을 할 경우에는 준비된 버스를 이용하여 관광을 하기 때문에 큰 불편은 없지만, 단독으로 여행을 할 때는 관광안내소 등에서 투어를 소개받아야 합니다. 관광버스에는 중국어 안내원이 동행하여 그 지역 유명 관광지를 순환하는 정기 관광버스가 있습니다. 대부분 기차역 주변에서 출발하여 3시간, 반나절, 하루코스 등이 있습니다.

투어는 어떤 게 있나요?

都有哪种旅游路线?

Dōu yǒu nǎ zhǒng lǚyóu lùxiàn
떠우 여우 나 종 뤼여우 루시엔

투어 팜플렛 좀 주세요.

请给我一份介绍手册。

Qǐng gěi wǒ yífèn jièshào shǒucè
칭 게이 워 이펀 찌에쌰오 셔우처

투어는 몇 시간 걸리나요?

这个旅游时间需要多长?

Zhège lǚyóu shíjiān xūyào duō cháng
쩌거 뤼여우 스찌엔 쒸야오 뚜어 창

어디서 출발하나요?

从哪儿出发?

Cóng nǎr chūfā
총 날 추파

야간투어는 있어요?

有晚上的旅游吗?

Yǒu wǎnshang de lǚyóu ma
여우 완샹 더 뤼여우 마

한국어 가이드는 있어요?

有韩国语导游吗?

Yǒu Hánguóyǔ dǎoyóu ma
여우 한궈위 다오여우 마

42 대화 다시듣기

A: 베이징 시내 관광을 하고 싶은데요.
B: 당일 코스를 원하십니까, 아니면?

Unit 43

📢 관광

관광지에서

Mini Talk

A: **请问,门票多少钱?**

Qǐngwèn, ménpiào duōshao qián

칭원, 먼퍄오 뚜어샤오 치엔

말씀 좀 여쭐게요, 입장권이 얼마죠?

B: **大人70块,学生半价。**

Dàrén qīshí kuài, xuéshēng bànjià

따런 치스 콰이, 쉬에셩 빤찌아

어른은 70위안, 학생은 반값입니다.

Check Point!

유명한 관광지를 찾아가면 언제나 사람들이 인산인해를 이룹니다. 외국인 관광객도 많지만 전국 각지에서 찾아온 국내 관광객들로 넘쳐나기 때문입니다. 특히 10월 1일 국경절을 전후한 황금연휴 기간에는 어디를 가도 관광객들로 북적입니다. 유적지나 관광지를 들어갈 때 내는 입장권을 门票 (ménpiào)라고 하는데 상당히 비싼 편입니다.

저기요, 입장권은 얼마죠?

请问，门票多少钱?

Qǐngwèn, ménpiào duōshao qián
칭원, 먼퍄오 뚜어샤오 치엔

어디서 케이블카를 탈 수 있나요?

在哪里可以坐缆车?

Zài nǎlǐ kěyǐ zuò lǎnchē
짜이 나리 커이 쭈어 란처

전망대는 어떻게 올라가죠?

展望台怎么上去?

Zhǎnwàngtái zěnme shàngqù
잔왕타이 전머 쌍취

몇 시에 돌아와요?

几点回来?

Jǐ diǎn huílái
지 디엔 후이라이

시간은 얼마나 있어요?

有多长时间?

Yǒu duōcháng shíjiān
여우 뚜어창 스찌엔

여행 가이드가 필요해요.

我需要导游。

Wǒ xūyào dǎoyóu
워 쒸야오 다오여우

43 대화 다시듣기

A: 말씀 좀 여쭐게요, 입장권이 얼마죠? □ □ □
B: 어른은 70위안, 학생은 반값입니다.

226

관광

Unit 44

관람할 때

Mini Talk

A: 这张票可以退票吗?

Zhè zhāng piào kěyǐ tuìpiào ma

쩌 짱 퍄오 커이 투이퍄오 마

이 표를 환불할 수 있나요?

B: 表演已经开始了, 不能退。

Biǎoyǎn yǐjīng kāishǐ le, bù néng tuì

뱌오이엔 이찡 카이스 러, 뿌 넝 투이

**공연이 벌써 시작되어
환불이 불가능합니다.**

Check Point!

중국에 가면 서커스나 경극을 보게 되는데 서커스는 중국어로 杂技(zájì)라고 하고 경극은 京剧(jīngjù)라고 합니다. 경극은 무대 좌우 모니터에 대사와 줄거리를 영어와 중국어 자막으로 보여줍니다. 또 공연을 관람만 하는 극장도 있고 식사도 같이 하면서 관람할 수 있는 곳도 있는데 물론 입장료가 다릅니다. '표를 예약하다'는 预订票(yùdìng piào)입니다.

여기서 티켓을 예약할 수 있나요?

在这里能预订票吗?

Zài zhèli néng yùdìng piào ma

짜이 쩌리 넝 위띵 퍄오 마

몇 시에 시작되죠?

几点开始?

Jǐdiǎn kāishǐ

지디엔 카이스

몇 명이면 단체표를 살 수 있죠?

多少人可以买团体票?

Duōshao rén kěyǐ mǎi tuántǐpiào

뚜어샤오 런 커이 마이 투안티퍄오

이 티켓으로 모든 전시를 볼 수 있나요?

用这张票可以看所有展览吗?

Yòng zhè zhāng piào kěyǐ kàn suǒyǒu zhǎnlǎn ma

용 쩌 짱 퍄오 커이 칸 쑤어여우 잔란 마

무료 팸플릿은 있나요?

有免费的小·册子吗?

Yǒu miǎnfèi de xiǎocèzi ma

여우 미엔페이 더 샤오처즈 마

지금 들어가도 되나요?

现在也可以进去吗?

Xiànzài yě kěyǐ jìnqù ma

시엔짜이 예 커이 찐취 마

44 대화 다시듣기

A: 이 표를 환불할 수 있나요?

B: 공연이 벌써 시작되어 환불이 불가능합니다.

Unit 45

관광

사진촬영을 부탁할 때

Mini Talk

A: 请在这里给我们照一张相。

Qǐng zài zhèli gěi wǒmen zhào yìzhāng xiàng

칭 짜이 쩌리 게이 워먼 짜오 이짱 시앙

여기서 사진 좀 찍어주세요.

B: 好, 我数一二三, 大家跟我说茄子。

Hǎo, wǒ shǔ yī èr sān, dàjiā gēn wǒ shuō qiézi

하오, 워 수 이 얼 싼,

따찌아 껀 워 쑤어 치에즈

네, 하나, 둘, 셋, 모두 김치.

Check Point!

'사진을 찍다'라는 말은 照相(zhàoxiàng)이라고 합니다. 문장에서 동사로 쓰이면 '사진을 찍다', 명사로 쓰이면 '사진'이란 뜻입니다. 비슷한 표현으로 拍照(páizhào)도 있습니다. 여럿이 함께 사진을 찍거나 같이 찍은 단체사진을 合影(héyǐng)이라고 합니다. 관광지에 가면 사진을 찍으면 안 되는 곳도 있는데 보통 请勿拍照나 禁止拍照라는 안내문이 있습니다.

여기서 사진을 찍어도 될까요?

这儿可以拍照吗?

Zhèr kěyǐ páizhào ma

쩔 커이 파이짜오 마

우리 같이 찍어요.

我们照一张合影吧。

Wǒmen zhào yìzhāng héyǐng ba

워먼 짜오 이짱 허잉 바

여기서 우리들 좀 찍어 주세요.

请在这里给我们照相。

Qǐng zài zhèli gěi wǒmen zhàoxiàng

칭 짜이 쩌리 게이 워먼 짜오썅

사진 한 장 찍어주실래요?

请帮我们照一张, 好吗?

Qǐng bāng wǒmen zhào yìzhāng, hǎo ma

칭 빵 워먼 짜오 이짱, 하오 마

찍을게요. 웃으세요.

要照了, 笑一笑。

Yào zhào le, xiào yí xiào

야오 짜오 러, 샤오 이 샤오

다시 한번 부탁할게요.

请再照一张。

Qǐng zài zhào yìzhāng

칭 짜이 짜오 이짱

 **45 대화 다시듣기**

A: 여기서 사진 좀 찍어주세요.

B: 네, 하나, 둘, 셋, 모두 김치.

☐ ☐ ☐

230

Unit
46

📢 관광

노래방·클럽·바에서

Mini Talk

A: 你先唱一首吧。

Nǐ xiān chàng yìshǒu ba

니 시엔 창 이셔우 바

노래 한 곡 해봐요!

B: 我唱得不好听。

Wǒ chàng de bù hǎotīng

워 창 더 뿌 바오팅

안 돼요. 난 노래 못해요.

Check Point!

중국에서는 노래방을 주로 KTV라고 부릅니다. 영상을 보여주는 TV가 있다는 의미에서 붙여진 이름으로 다양한 예술 조형물, 화려한 조명, 대형 스크린을 갖추고 있습니다. KTV는 편의점을 함께 하기 때문에 갈증이나 배고픔을 달래주기에는 충분합니다. 또한 KTV는 우리와는 다르게 음주가 가능하여 맥주부터 양주, 고량주, 그리고 와인까지 갖춰져 있으며 안줏거리도 준비되어 있습니다.

이 근방에 노래방 있나요?

这附近有没有歌舞厅?

Zhè fùjìn yǒuméiyǒu gēwǔtīng
쩌 푸찐 여우메이여우 꺼우팅

한국 노래를 할 줄 아세요?

你会唱韩国歌吗?

Nǐ huì chàng Hánguó gē ma
니 훼이 창 한궈 꺼 마

이 근방에 나이트 있나요?

这附近有夜总会吗?

Zhè fùjìn yǒu yèzǒnghuì ma
쩌 푸찐 여우 예종후이 마

예약을 해야 하나요?

要不要预订?

Yàobúyào yùdìng
야오부야오 위띵

입장료는 얼마죠?

门票一张多少钱?

Ménpiào yìzhāng duōshǎo qián
먼퍄오 이짱 뚜어샤오 치엔

함께 춤을 추시겠습니까?

可以跟您跳个舞吗?

Kěyǐ gēn nín tiào gè wǔ ma
커이 껀 닌 탸오 꺼 우 마

46 대화 다시듣기

A: 노래 한 곡 해봐요!

B: 안 돼요. 난 노래 못해요.

관광

Unit
47

도움을 청할 때

Mini Talk

A: 请帮我报警。

Qǐng bāng wǒ bàojǐng

칭 빵 워 빠오징

경찰에 신고해주세요.

B: 你怎么样?

Nǐ zěnmeyàng

니 전머양

당신은 어떻습니까?

Check Point!

다급한 상황에서 도움을 청할 때 역시 위급할 때처럼 来人啊(lái rén a) 또는
救人啊(jiù rén a)라고 외치면 됩니다. '돕다'라는 중국어 표현은 帮(bāng)입
니다. '도와주세요'라고 말하려면 请帮帮我(qǐng bāngbang wǒ)라고 하고
'~하도록 도와주세요'라고 부탁하려면 请帮我 (qǐng bāng wǒ ~)라고 문장
을 시작한 후 부탁할 내용을 이어서 말하면 됩니다.

233

도와주세요!

请帮帮忙!

Qǐng bāngbangmáng

칭 빵방망

빨리 구급차를 불러 주세요!

快叫救护车!

Kuài jiào jiùhùchē

콰이 쨔오 찌우후처

빨리 의사를 불러 주세요.

快叫医生。

Kuài jiào yīshēng

콰이 쨔오 이셩

빨리 경찰을 불러요!

快叫警察!

Kuài jiào jǐngchá

콰이 쨔오 징차

응급실은 어디죠?

急诊处在哪儿?

Jízhěnchù zài nǎr

지전추 짜이 날

움직일 수 없어요. 도와주세요.

我动不了了, 请帮帮我。

Wǒ dòng bùliǎo le, qǐng bāngbang wǒ

워 똥 뿌랴오 러, 칭 빵방 워

47 대화 다시듣기

A: 경찰에 신고해주세요.

B: 당신은 어떻습니까?

234

Unit
48

 관광

위급한 상황일 때

 Mini Talk

A: 小心! 汽车来了。

Xiǎoxīn! qìchē lái le

샤오씬! 치처 라이 러

조심해요! 자동차가 오잖아요.

B: 我看是绿灯, 车怎么横冲过来呢?

Wǒ kàn shì lǜdēng, chē zěnme héngchōng guòlái ne

워 칸 쓰 뤼떵, 처 전머 헝충 꿔라이 너

초록색 불인데 어째서

차가 지나가는 거죠?

 Check Point!

公安局(gōngānjú)이라고 하면 범죄활동 단속이나 공공질서 유지와 같은 업무를 담당하는 경찰과 비슷한 기관입니다. 이 기관에서 일하는 사람을 公安(gōngān)이라고 하는데 사람들이 많이 찾는 공공장소에서 쉽게 볼 수 있습니다. 위급할 때 '조심해요!'라고 외칠 때 小心(xiǎoxīn)! 또는 当心(dāngxīn)!이라고 합니다.

위험해요!

危险!

Wēixiǎn
웨이시엔

조심해요, 차가 오잖아요.

当心! 汽车来了。

Dāngxīn! Qìchē lái le
땅씬! 치처 라이 러

조심해서 건너세요.

小心过马路!

Xiǎoxīn guò mǎlù
샤오씬 꿔 마루

사람 살려요!

救人啊!

Jiù rén a
찌우 런 아

누구 없어요!

来人啊!

Lái rén a
라이 런 아

비켜요!

让一让!

Ràng yī ràng
랑 이 랑

48 대화 다시듣기

□ □ □

A: 조심해요! 자동차가 오잖아요.
B: 초록색 불인데 어째서 차가 지나가는 거죠?

236

Unit
49
🔊 관광

난처할 때

Mini Talk

A: 我丢了护照，怎么办好呢?

Wǒ diū le hùzhào, zěnme bàn hǎo ne

워 띠우 러 후짜오, 전머 빤 하오 너

여권을 잃어버렸는데 어쩌면 좋죠?

B: 先给领事馆打电话吧。

Xiān gěi lǐngshìguǎn dǎ diànhuà ba

씨엔 게이 링쓰관 다 띠엔화 바

먼저 영사관에 전화하세요.

📖
Check Point!

낯선 외국에서 문화 차이나 의사소통 등 여러 가지 이유로 난처한 상황에 빠
질 경우가 있으므로 다양한 표현을 익혀둡시다. 救命啊, 有人吗(Jiù mìng ā,
yǒu rén ma)?로 도움을 요청할 수 있으며 중국의 범죄 신고는 110, 화재는
119, 의료구조 120, 전화번호 안내는 114번이므로 긴급상황 시에 필요한 번
호를 숙지해 두면 많은 도움이 될 것입니다.

좀 도와주세요.

请你帮帮忙吧。

Qǐng nǐ bāngbangmáng ba
칭 니 빵방망 바

문제가 생겼어요.

有问题了。

Yǒu wèntí le
여우 원티 러

큰일 났어요.

不好了。

Bùhǎo le
뿌하오 러

아이가 안 보여요, 어쩌죠?

孩子不见了, 怎么办?

Háizi bújiàn le, zěnme bàn
하이즈 부찌엔 러, 전머 빤

여권을 잃어버렸어요.

我丢了护照。

Wǒ diū le hùzhào
워 띠우 러 후짜오

무슨 좋은 방법은 없을까요?

没有什么好办法吗?

Méiyǒu shénme hǎo bànfǎ ma
메이여우 션머 하오 빤파 마

 49 대화 다시듣기

A: 여권을 잃어버렸는데 어쩌면 좋죠? ☐ ☐ ☐

B: 먼저 영사관에 전화하세요.

238

관광

말이 통하지 않을 때

Mini Talk

A: 对不起, 我不懂汉语。

Duìbuqǐ, wǒ bùdǒng Hànyǔ

뚜이부치, 워 뿌동 한위

죄송합니다, 전 중국어를 모릅니다.

B: 你是哪儿来的?

Nǐ shì nǎr lái de

니 쓰 날 라이 더

어디서 오셨어요?

Check Point!

'~을 할 줄 알다'라고 말할 때 조동사 会(huì)를 씁니다. 배워서 할 줄 아는 것을 말하는데 예를 들어 '중국어를 할 줄 알다'라고 말하려면 我会说汉语(Wǒ huì shuō Hànyǔ)라고 합니다. 부정은 我不会说汉语(Wǒ bú huì shuō Hànyǔ), 의문문은 你会说汉语吗(Nǐ huì shuō Hànyǔ ma?)라고 하면 됩니다. 무슨 뜻인지 물을 때는 那是什么意思(Nà shì shénme yìsi)?라고 합니다.

중국어 할 줄 아세요?

你会说汉语吗?

Nǐ huì shuō Hànyǔ ma

니 훼이 쑤어 한위 마

중국어를 할 줄 몰라요.

我不会说汉语。

Wǒ búhuì shuō Hànyǔ

워 부훼이 쑤어 한위

천천히 말씀해 주시면 알겠습니다.

你慢点儿说，我会明白的。

Nǐ màn diǎnr shuō, wǒ huì míngbái de

니 만 디알 쑤어, 워 훼이 밍바이 더

그건 무슨 뜻이죠?

那是什么意思?

Nà shì shénme yìsi

나 쓰 션머 이쓰

좀 써 주세요.

请写一下。

Qǐng xiě yíxià

칭 시에 이씨아

한국어로 된 건 없나요?

有没有用韩语写的?

Yǒuméiyǒu yòng Hányǔ xiě de

여우메이여우 용 한위 시에 더

50 대화 다시듣기

A: 죄송합니다, 전 중국어를 모릅니다.   ☐ ☐ ☐

B: 어디서 오셨어요?

240

Unit 51

쇼핑

가게를 찾을 때

Mini Talk

A: 这个城市的购物街在哪里?

Zhège chéngshì de gòuwùjiē zài nǎli

쩌거 청쓰 더 꺼우우찌에 짜이 나리

이 도시의 쇼핑가는 어디에 있습니까?

B: 很多呀。不过南京东路最热闹。

Hěn duō ya. Búguò Nánjīngdōnglù zuì rènao

헌 뚜어 야. 부꿔

난찡똥루 쭈이 르어나오

많아요. 그런데

난징똥루가 가장 번화하죠.

Check Point!

해외여행을 하면서 쇼핑은 자국에서는 한 번도 접해보지 못한 물건들을 볼 수 있는 행운도 있고, 또한 그 나라의 특성을 잘 나타내는 특산품을 구경할 수 있는 재미도 있습니다. 특히 현대식 백화점 같은 곳이 아닌 그 나라의 특성이 잘 나타나 있는 재래시장에서의 쇼핑은 비용도 적게 들뿐만 아니라 그 나라의 생활상을 엿볼 수 있는 좋은 기회가 될 것입니다.

이 도시의 쇼핑가는 어디에 있죠?

这个城市的购物街在哪里?

Zhège chéngshì de gòuwùjiē zài nǎli
쩌거 청쓰 더 꺼우우찌에 짜이 나리

선물은 어디서 살 수 있죠?

在哪儿可以买到礼物?

Zài nǎr kěyǐ mǎidào lǐwù
짜이 날 커이 마이따오 리우

면세점은 있나요?

有免税店吗?

Yǒu miǎnshuìdiàn ma
여우 미엔쑤이띠엔 마

이 주변에 백화점은 있나요?

这附近有百货商店吗?

Zhè fùjìn yǒu bǎihuòshāngdiàn ma
쩌 푸찐 여우 바이훠썅띠엔 마

편의점을 찾고 있는데요.

我在找便利店。

Wǒ zài zhǎo biànlìdiàn
워 짜이 자오 삐엔리띠엔

이 주변에 할인점은 있나요?

这附近有没有超市?

Zhè fùjìn yǒuméiyǒu chāoshì
쩌 푸찐 여우메이여우 차오쓰

 51 대화 다시듣기

A: 이 도시의 쇼핑가는 어디에 있습니까? ☐ ☐ ☐
B: 많아요. 그런데 난징똥루가 가장 번화하죠.

242

Unit 52 쇼핑

쇼핑센터에서

Mini Talk

A: 请问, 这附近有百货商店吗?

Qǐngwèn, zhè fùjìn yǒu bǎihuòshāngdiàn ma

칭원, 쩌 푸찐 여우 바이훠쌍띠엔 마

실례지만, 이 근처에 백화점이 있습니까?

B: 邮局对面就有一家百货商店。

Yóujú duìmiàn jiù yǒu yìjiā bǎihuòshāngdiàn

여우쥐 뚜이미엔 찌우 여우
이찌아 바이훠쌍띠엔

**우체국 맞은편에
백화점이 하나 있습니다.**

Check Point!

중국여행의 선물로 인기가 있는 품목은 주로 보이차 등의 전통차와 마오타이주 같은 술 종류와 요리할 때 쓰는 향신료나 소스 등이 있으며, 골동품 등의 전통공예품을 들 수 있습니다. 이러한 품목들은 각지의 전문점은 물론, 백화점에서도 쉽게 구입할 수 있습니다. 여행에서 쇼핑도 빼놓을 수 없는 즐거움의 하나입니다. 꼭 필요한 품목은 미리 계획을 세워 충동구매를 피하도록 합시다.

엘리베이터는 어디서 타죠?

在哪儿坐电梯?

Zài nǎr zuò diàntī

짜이 날 쭈어 띠엔티

안내소는 어디에 있죠?

咨询处在哪儿?

Zīxúnchù zài nǎr

쯔쉰추 짜이 날

문방구 매장을 찾는데요.

我找文具柜台。

Wǒ zhǎo wénjù guìtái

워 자오 원쮜 꾸이타이

전기용품은 몇 층에서 팔죠?

电器产品在几楼卖?

Diànqì chǎnpǐn zài jǐ lóu mài

띠엔치 찬핀 짜이 지 러우 마이

신용카드는 사용할 수 있나요?

可以用信用卡吗?

Kěyǐ yòng xìnyòngkǎ ma

커이 용 씬용카 마

세일은 언제 시작했죠?

打折什么时候开始的?

Dǎzhé shénmeshíhou kāishǐ de

다저 션머스허우 카이스 더

52 대화 다시듣기

A: 실례지만, 이 근처에 백화점이 있습니까?　□ □ □

B: 우체국 맞은편에 백화점이 하나 있습니다.

244

Unit 53 🐼 📢 쇼핑

물건을 찾을 때

Mini Talk

A: 买什么礼物合适呢?

Mǎi shénme lǐwù héshì ne

마이 션머 리우 허쓰 너

어떤 선물을 사면 적당할까요?

B: 茶或酒类怎么样?

Chá huò jiǔlèi zěnmeyàng

차 훠 지우레이 전머양

차나 술은 어떠세요?

Check Point!

중국에 가면 가족이나 동료들을 위해 선물을 준비하곤 합니다. 보통 차나 술, 장식품을 사오는데 어디서 사야할지 고민일 때가 많습니다. 거리를 지나다보면 전통차를 전문으로 파는 체인점 형식의 찻집이 있는데 이곳에 가면 전통차를 시음할 수도 있고 비교적 믿을 수 있는 제품을 살 수 있습니다. 가게에 들어서면 점원이 您想买点什么(Nín xiǎng mǎidiǎn shénme)?라고 묻습니다.

무엇을 찾으십니까?

您想买点什么?

Nín xiǎng mǎi diǎn shénme
닌 시앙 마이 디엔 셔머

구경 좀 하고 있어요.

不买什么，只是看看。

Bù mǎi shénme, zhǐshì kànkan
뿌 마이 셔머, 즈쓰 칸칸

여기 잠깐 봐 주시겠어요?

请过来一下。

Qǐng guòlái yíxià
칭 꿔라이 이씨아

이것 좀 보여주세요.

请给我看看这个。

Qǐng gěi wǒ kànkan zhège
칭 게이 워 칸칸 쩌거

차를 사고 싶은데요.

我想买点儿茶叶。

Wǒ xiǎng mǎi diǎnr cháyè
워 시앙 마이 디알 차예

이것과 같은 건 있어요?

有和这个一样的吗?

Yǒu hé zhège yíyàng de ma
여우 허 쩌거 이양 더 마

53 대화 다시듣기

A: 어떤 선물을 사면 적당할까요?   ☐ ☐ ☐

B: 차나 술은 어떠세요?

246

Unit

Unit
54

쇼핑

물건을 고를 때

Mini Talk

A: 你决定买哪个了吗?

Nǐ juédìng mǎi nǎge le ma

니 쥐에띵 마이 나거 러 마

어떤 걸로 살지 결정했어요?

B: 还没决定。

Hái méi juédìng

하이 메이 쥐에띵

아직 결정 못했어요.

Check Point!

옷이나 신발 등 몸에 착용하는 물건을 고를 때 '입어 봐도 될까요?'라고 물어 보려면 可以试一下吗(kěyǐ shì yíxià ma)?라고 합니다. 피팅룸은 试衣室 (shìyīshì)이라고 합니다. 옷은 신장과 허리둘레 등 자세한 치수가 기록되어 있어 고르기 쉽게 되어 있습니다. 가격 할인이 打七折(dǎ qī zhé)라고 하면 30%를 할인해서 정상가격의 70%만 받는다는 의미입니다.

다른 스타일은 있습니까?

有没有别的款式?

Yǒuméiyǒu biéde kuǎnshì
여우메이여우 비에더 콴쓰

이것보다 작은 것 있나요?

有没有比这个小·的?

Yǒuméiyǒu bǐ zhège xiǎo de
여우메이여우 비 쩌거 샤오 더

만져 봐도 됩니까?

摸摸看可以吗?

Mōmō kàn kěyǐ ma
모어모어 칸 커이 마

좀 싼 것은 없습니까?

有便宜一点儿的吗?

Yǒu piányi yìdiǎnr de ma
여우 피엔이 이디알 더 마

이것은 진짜 맞습니까?

这是不是真的?

Zhè shìbúshì zhēn de
쩌 쓰부쓰 쩐 더

이것으로 하겠습니다.

我要这个。

Wǒ yào zhège
워 야오 쩌거

54 대화 다시듣기

A: 어떤 걸로 살지 결정했어요? □ □ □

B: 아직 결정 못했어요.

Unit
55

🔊 쇼핑

물건값을 흥정할 때

Mini Talk

A: **太贵了,便宜一点儿吧。**
Tāi guì le, piányì yìdiǎnr ba
타이 꾸이 러, 피엔이 이디얄 바

너무 비싸요, 조금 깎아주세요.

B: **真是对不起,不能降价的。**
Zhēn shì duìbuqǐ, bùnéng jiàng jià de
쩐 쓰 뚜이부치, 뿌넝 찌앙 찌아 더

**정말 죄송한데 가격을
낮출 수 없습니다.**

Check Point!

정찰제로 운영하는 가게는 가격을 흥정하기 어렵지만, 할인점이나 시장 등에 서는 가능합니다. 가격이 비쌀 경우에는 太贵了(Tāi guì le), 조금 깎아달고 할 때는 便宜一点儿吧(Piányì yìdiǎnr ba)라고 말해보십시오. 더 싼 물건을 찾 을 때는 有更便宜的吗(Yǒu gèng piányi de ma)?라고 하며, 값을 깎아주면 사겠다고 할 때는 便宜点就买买(Piányi diǎn jiù mǎi)라고 흥정하면 됩니다.

좀 싸게 주실 수 없나요?

价钱能不能便宜点?

Jiàqián néngbùnéng piányi diǎn

찌아치엔 넝뿌넝 피엔이 디엔

조금만 더 싸면 제가 살게요.

再便宜点儿我就买了。

Zài piányi diǎnr wǒ jiù mǎi le

짜이 피엔이 디알 워 찌우 마이 러

조금만 더 싸게 해주세요.

再让一点儿价钱吧。

Zài ràng yìdiǎnr jiàqián ba

짜이 랑 이디알 찌아치엔 바

가격이 좀 비싼 것 같은데요.

我觉得价格有点高。

Wǒ juéde jiàgé yǒudiǎn gāo

워 쥐에더 찌아거 여우디엔 까오

너무 비싸요. 더 깎아주세요.

太贵了，再便宜点儿吧。

Tài guì le, zài piányi diǎnr ba

타이 꾸이 러, 짜이 피엔이 디알 바

여기는 정찰제입니다.

这里不讲价。

Zhèli bù jiǎngjià

쩌리 뿌 지앙찌아

55 대화 다시듣기

A: 너무 비싸요, 조금 깎아주세요.   ☐ ☐ ☐

B: 정말 죄송한데, 가격을 낮출 수 없습니다.

250

Unit 56

물건값을 계산할 때

Mini Talk

A: 我觉得好像是算多了。

Wǒ juéde hǎoxiàng shì suàn duō le

워 쥐에더 하오씨앙 쓰 쑤안 뚜어 러

계산이 많이 나온 것 같아요.

B: 是吗? 请稍等一会儿。我确认一下。

Shì ma? Qǐng shāo děng yíhuìr. Wǒ quèrèn yíxià

쓰 마? 칭 샤오 덩 이후알.

워 취에런 이씨아

그래요? 잠시만요. 확인해볼게요.

Check Point!

중국인들은 물건을 살 때 비슷한 물건을 파는 상점을 세 곳 이상 돌아보고 가격을 비교한 다음 결정한다고 합니다. 물건 값을 흥정하는 것을 讨价还价 (tǎojiàhuánjià)라고 하는데 값을 깎기 위해 구차하게 언쟁하는 것이 아니라 물건을 사는 과정에서 재미를 느낄 수 있는 자연스러운 생활의 일부입니다. 얼마인지를 물을 때는 多少钱(Duōshǎo qián)?이라고 합니다.

어디서 계산하죠?

在哪儿付钱?

Zài nǎr fùqián
짜이 날 푸치엔

여기서 계산합니까?

在这儿付钱吗?

Zài zhèr fùqián ma
짜이 쩔 푸치엔 마

얼마예요?

多少钱?

Duōshǎo qián
뚜어샤오 치엔

모두 얼마예요?

一共多少钱?

Yīgòng duōshǎo qián
이꽁 뚜어샤오 치엔

신용카드로 계산해도 되나요?

可以用信用卡付钱吗?

Kěyǐ yòng xìnyòngkǎ fùqián ma
커이 용 씬용카 푸치엔 마

영수증을 주세요.

请开一张发票。

Qǐng kāi yìzhāng fāpiào
칭 카이 이짱 파퍄오

56 대화 다시듣기

A: 계산이 많이 나온 것 같아요.　　□ □ □

B: 그래요? 잠시만요. 확인해볼게요.

252

 쇼핑

Unit 57

포장이나 배달을 원할 때

Mini Talk

A: 我买这件礼物，能免费包装吗?

Wǒ mǎi zhè jiàn lǐwù, néng miǎnfèi bāozhuāng ma

워 마이 쩌 찌엔 리우, 넝 미엔페이 빠오쭈앙 마

이 선물 사면 무료로 포장해주나요?

B: 买包装纸，免费包装。

Mǎi bāozhuāngzhǐ, miǎnfèi bāozhuāng

마이 빠오쭈앙즈, 미엔페이 빠오쭈앙

**포장지를 사시면 무료로
포장해드립니다.**

Check Point!

중국여행을 하면서 선물을 구입할 때는 받는 사람을 위해서 정성스럽게 포장을 부탁하게 됩니다. 매장에서 물건을 구입할 때 부피가 크거나 무거워서 들고 다니기 힘든 경우는 머물고 있는 호텔에 직접 배달을 能送到饭店去吗(Néng sòngdào fàndiàn qù ma)?라고 부탁하거나, 아니면 매장의 따라 한국으로 직접 배송을 부탁할 수도 있습니다.

함께 포장해 주세요.

一起包吧。

Yīqǐ bāo ba
이치 빠오 바

선물용으로 포장해 주시겠어요?

请按礼品包装，好吗?

Qǐng àn lǐpǐn bāozhuāng, hǎo ma
칭 안 리핀 빠오쭈앙, 하오 마

봉지에 넣어 주실래요?

请给装在袋子里，好吗?

Qǐng gěi zhuāng zài dàizi lǐ, hǎo ma
칭 게이 쭈앙 짜이 따이즈 리, 하오 마

호텔까지 배달해 주실 수 있나요?

能送到饭店去吗?

Néng sòngdào fàndiàn qù ma
넝 쏭따오 판띠엔 취 마

이걸 한국으로 보내 주시겠어요?

请把这个寄到韩国，好吗?

Qǐng bǎ zhège jìdào Hánguó, hǎo ma
칭 바 쩌거 찌따오 한궈, 하오 마

이것을 보관해 주시겠어요?

请保管一下这个，好吗?

Qǐng bǎoguǎn yíxià zhège, hǎo ma
칭 바오관 이씨아 쩌거, 하오 마

57 대화 다시듣기

A: 이 선물 사면 무료로 포장해주나요?　□ □ □
B: 포장지를 사시면 무료로 포장해드립니다.

254

Unit
58

 쇼핑

교환이나 환불을 원할 때

Mini Talk

A: 这件衣服有毛病，请给我换一件。
Zhè jiàn yīfú yǒu máobìng, qǐng gěi wǒ huàn yíjiàn
쩌 찌엔 이푸 여우 마오삥, 칭 게이 워 환 이찌엔

이 옷에는 흠집이 있는데, 다른 것으로 바꿔주세요.

B: 真对不起，我马上给您换一件。
Zhēn duìbuqǐ, wǒ mǎshàng gěi nín huàn yíjiàn
쩐 뚜이부치,
워 마썅 게이 닌 환 이찌엔

정말 미안합니다.
바로 바꿔드리겠습니다.

 Check Point!

쇼핑을 할 때는 물건을 꼼꼼히 잘 살펴보고 구입하면 매장에 다시 찾아가서
교환이나 환불을 요구할 필요가 없습니다. 더구나 외국에서는 말이 잘 통하지
않기 때문에 어려움이 있기 마련입니다. 그러나 만에 하나 구입한 물건에 하
자가 있을 때는 여기서의 표현을 잘 익혀두어 새로운 물건으로 교환을 받거나
원하는 물건이 없을 때 거리낌없이 당당하게 환불을 받도록 합시다.

이것을 교환하고 싶은데요.

我想换一下这个。

Wǒ xiǎng huàn yíxià zhège

워 시앙 환 이씨아 쩌거

다른 걸로 바꿔주실 수 있어요?

能给我换另一件吗?

Néng gěi wǒ huàn lìngyī jiàn ma

넝 게이 워 환 링이 찌엔 마

품질이 안 좋은데 바꿔주세요.

质量低劣, 请给我更换。

Zhìliáng dīliè, qǐng gěi wǒ gēnghuàn

쯔량 띠리에, 칭 게이 워 껑환

이것을 반품할 수 있나요?

这个可以退吗?

Zhège kěyǐ tuì ma

쩌거 커이 투이 마

이것을 환불할 수 있나요?

这个能退钱吗?

Zhège néng tuì qián ma

쩌거 넝 투이 치엔 마

영수증 여기 있어요.

这儿有收据。

zhèr yǒu shōujù

쩔 여우 셔우쮜

58 대화 다시듣기

A: 이 옷에는 흠집이 있는데, 다른 것으로 바꿔주세요.

B: 정말 미안합니다. 바로 바꿔드리겠습니다.

🔊 쇼핑

Unit 59

물건을 분실했을 때

Mini Talk

A: 您有什么事吗?
Nín yǒu shénme shì ma
닌 여우 션머 쓰 마
무슨 일로 오셨습니까?

B: 我的护照丢了。现在怎么办?
Wǒ de hùzhào diū le. Xiànzài zěnme bàn
워 더 후짜오 띠우 러. 시엔짜이 전머 빤
**제 여권을 잃어버렸습니다.
이제 어쩌죠?**

Check Point!

도난이나 물건을 분실했을 경우, 먼저 공안국 외사과(公安局外事科)로 가서 도난, 분실 경위를 상세히 기술하면 담당자가 조서를 꾸며주지만, 다시 찾을 가능성은 극히 적습니다. 여권을 도난, 분실했다면 공안국에서 도난(분실) 증명서를 발급받아야 하며, 여권용 사진 2장을 지참한 뒤 한국영사관에 가서 임시여권 재발급 신청서를 작성하여 제출해야 합니다.

열차 안에 지갑을 두고 내렸어요.

钱包丢在火车上了。

Qiánbāo diūzài huǒchē shàng le

칭빠오 띠우짜이 훠처 썅 러

신용카드를 잃어버렸어요.

我丢了信用卡。

Wǒ diū le xìnyòngkǎ

워 띠우 러 씬용카

여기서 카메라 못 보셨어요?

在这儿没看到照相机吗?

Zài zhèr méi kàndào zhàoxiàngjī ma

짜이 쩔 메이 칸따오 짜오시앙찌 마

분실물 센터는 어디에 있어요?

领取丢失物品的地方在哪里?

Lǐngqǔ diūshīwùpǐn de dìfang zài nǎli

링취 띠우쓰우핀 더 띠팡 짜이 나리

여권을 잃어버렸는데 좀 찾아주시겠어요?

我把护照丢了, 能帮我找找吗?

Wǒ bǎ hùzhào diū le, néng bāng wǒ zhǎozhao ma

워 바 후짜오 띠우 러, 넝 빵 워 자오자오 마

어디서 잃어버렸는지 모르겠어요.

我不知道是在哪儿丢的。

Wǒ bùzhīdào shì zài nǎr diū de

워 뿌쯔따오 쓰 짜이 날 띠우 더

59 대화 다시듣기

A: 무슨 일로 오셨습니까? ☐ ☐ ☐

B: 제 여권을 잃어버렸습니다. 이제 어쩌죠?

Unit
60

📢 쇼핑

도난당했을 때

Mini Talk

A: 有什么倒霉事儿?

Yǒu shénme dǎoméi shìer

여우 션머 다오메이 셜

무슨 재수없는 일이 있어요?

B: 上午逛街的时候,钱包被小偷偷走了。

Shàngwǔ guàngjiē de shíhou, qiánbāo bèi xiǎotōu tōuzǒu le

쌍우 꽝찌에 더 스허우,

치엔빠오 뻬이 샤오터우 터우저우 러

오전에 쇼핑할 때

지갑을 도둑맞았어요.

Check Point!

被는 '~에 의해서 ~을 당하다'라는 의미의 피동문을 만듭니다. '지갑을 도둑맞았다'라고 말하려면 我的钱包被偷走了라고 합니다. 이때 누가 가져갔는지 행위자를 모르기 때문에 被 다음에 사람을 생략합니다. 중국에서 살면서 빈번하게 도난당하는 물건을 꼽으라면 아마도 자전거일 겁니다. 너무 좋은 자전거를 구입하지 않는 것도 한 가지 예방책입니다.

거기 서! 도둑이야!

站住! 小·偷!

Zhànzhù! Xiǎotōu

짠쭈! 샤오터우

저놈이 내 가방을 뺏어갔어요!

是他把我的提包拿走了。

Shì tā bǎ wǒ de tíbāo názǒu le

쓰 타 바 워 더 티빠오 나저우 러

저전거를 도둑맞았어요!

我的自行车被偷了。

Wǒ de zixíngchē bèi tōu le

워 더 쯔싱처 뻬이 터우 러

지갑을 소매치기 당한 것 같아요.

钱包被小·偷偷走了。

Qiánbāo bèi xiǎotōu tōuzǒu le

치엔빠오 뻬이 샤오터우 터우저우 러

돈은 얼마나 잃어버렸어요?

丢了多少·钱?

Diū le duōshǎo qián

띠우 러 뚜어샤오 치엔

경찰에 신고하실래요?

你·要报警吗?

Nǐ yào bàojǐng ma

니 야오 빠오징 마

60 대화 다시듣기

A: 무슨 재수없는 일이 있어요? ☐ ☐ ☐

B: 오전에 쇼핑할 때 지갑을 도둑맞았어요.

PART 03

일상편

- 日常篇 -

基礎漢語會話詞典

하루일과
학교생활
직장생활
초대와 방문
공공장소
병원

하루일과

아침에 일어나서

Mini Talk

A: 您睡得好吗?

Nín shuì de hǎo ma

닌 쒜이 더 하오 마

안녕히 주무셨어요?

B: 好，你也睡得好吗?

Hǎo, nǐ yě shuì de hǎo ma

하오, 니 예 쒜이 더 하오 마

그래, 너도 잘 잤니?

Check Point!

중국의 가정도 우리와 크게 다를 바 없습니다. 아침에 일어나지 않고 꾸물거리는 가족의 잠을 깨울 때는 快起床(Kuài qǐchuáng)이라고 재촉하거나 该起床了(Gāi qǐchuángle)라고 하며 잠을 깨웁니다. 일어난 가족에게 잘 잤느냐고 물어볼 때는 睡得好吗(Shuì de hǎo ma)?라고 하며, 잠을 잘 잤을 때는 睡好了(Shuì hǎo le)라고 하면 됩니다.

일어날 시간이야.

该起床了。

Gāi qǐchuáng le
까이 치추앙 러

어서 일어나라! 학교 가야지.

快起床! 该上学了。

Kuài qǐchuáng! Gāi shàngxué le
콰이 치추앙! 까이 쌍쉬에 러

좀 더 잘게요.

再睡会儿。

Zài shuì huìr
짜이 쉐이 후알

잘 잤어요?

睡得好吗?

Shuì de hǎo ma
쉐이 더 하오 마

잘 못 잤어요. 무서운 꿈을 꿨어요.

没睡好。 做了一个恶梦。

Méi shuì hǎo.   Zuò le yígè èmèng
메이 쉐이 하오.   쭈어 러 이꺼 어멍

잘 잤어요.

睡好了。

Shuì hǎo le
쉐이 하오 러

A: 안녕히 주무셨어요?

B: 그래, 너도 잘 잤니?

264

Unit
02

하루일과

아침 준비

Mini Talk

A: 要茶吗?
Yào chá ma
야오 차 마

차 드릴까요?

B: 好的。
Hǎo de
하오 더

네, 주세요.

Check Point!

중국인의 일상적인 아침준비도 우리와 다를 바 없습니다. 아침에 일어나면(早上起来 zǎoshang qǐlái) 먼저 이불을 개고(叠被子 dié bèizi) 간단하게 방정리를 마치면 세수를 하고(洗脸 xǐliǎn) 아침식사를 기다리면서 신문을 보거나(看报纸 kàn bàozhǐ) 텔레비전을 봅니다(看电视 kàn diànshì). 그 동안 엄마들은 아이들 등교준비와 남편의 출근준비로 바쁘기 마련입니다.

화장실에 갈게요.

我上个厕所。

Wǒ shànggè cèsuǒ
워 쌍꺼 처쑤어

세수했니?

洗脸了吗?

Xǐliǎn le ma
시리엔 러 마

이를 닦아라.

去刷刷牙。

Qù shuāshua yá
취 쑤아수아 야

먼저 면도를 해야겠어.

我得先刮胡子。

Wǒ děi xiān guāhúzi
워 데이 시엔 꽈후즈

머리를 빗었니?

梳头了吗?

Shū tóu le ma
쑤 터우 러 마

아침은 꼭 챙겨 먹어요.

一定吃早饭。

Yídìng chī zǎofàn
이띵 츠 자오판

02 대화 다시듣기

A: 차 드릴까요?

B: 네, 주세요.

□ □ □

266

하루일과

Unit 03

집을 나설 때

Mini Talk

A: 要去学校了。

Yāo qù xuéxiào le

야오 취 쉬에쌰오 러

학교 다녀오겠습니다.

B: 路上小心，平安回来。

Lùshang xiǎoxīn, píng'ān huílái

루샹 샤오씬, 핑안 후이라이

차 조심하고, 잘 다녀와.

Check Point!

중국인의 아침식사는 대부분 집에서 차려먹지 않고 출근하기 전에 시장이나 가게에서 간단하게 아침을 사서 먹습니다. 아침식사를 위한 시장(早市 zǎoshì)이 열리기도 하며 회사 근처 길거리나 버스정류장 근처에 좌판이 열립니다. 가격도 저렴하며, 대표적인 좌판 음식으로는 죽(粥 zhōu), 전병(煎饼 jiānbing), 두유, 콩국(豆浆 dòujiāng), 꽈배기(油条 yóutiáo) 등이 있습니다.

267

빨리 서둘러요, 늦겠어요.

快点弄, 要晚了。

Kuàidiǎn nòng, yào wǎn le

콰이디엔 농, 야오 완 러

벌써 8시잖아요. 얼른 출근하세요.

已经8点了, 你赶快上班去吧。

Yǐjīng bādiǎn le, nǐ gǎnkuài shàngbān qù ba

이찡 빠디엔 러, 니 간콰이 썅빤 취 바

언니, 화장을 다 했어. 어때?

姐姐, 妆化好了, 怎么样?

Jiějie, zhuānghuà hǎo le, zěnmeyàng

지에지에, 쭈앙화 하오 러, 전머양

오늘 우산 꼭 챙겨서 나가요.

今天一定要带雨伞出去啊。

Jīntiān yídìng yào dài yǔsǎn chūqù a

찐티엔 이띵 야오 따이 위싼 추취 아

아차, 핸드폰 챙기는 걸 깜박했어요.

糟了, 我忘带手机了。

Zāo le, wǒ wàng dài shǒujī le

짜오 러, 워 왕 따이 셔우찌 러

다녀올게요.

我走了。

Wǒ zǒu le

워 저우 러

03 대화 다시듣기

A: 학교 다녀오겠습니다.

B: 차 조심하고, 잘 다녀와.

Unit 04 하루일과

집안 청소

Mini Talk

A: **今天我们来个大扫除吧。**

Jīntiān wǒmen lái gè dàsǎochú ba

찐티엔 워먼 라이 꺼 따싸오추 바

오늘 우리 대청소해요.

B: **好啊，正好天气也不错。**

Hǎo a, zhènghǎo tiānqì yě búcuò

하오 아, 쩡하오 티엔치 예 부추어

좋아요, 마침 날씨도 좋네요.

Check Point!

중국은 땅이 넓어 무척 다양한 주거 형식이 있습니다. 각 지역의 기후적인 조건, 문화, 민족 등 여러 배경이 작용하면서 지역별로 고유한 주거 형식이 정착되었습니다. 특히 중국 주택문화는 대가족이 함께 살고 있는 집이 많습니다. 이처럼 가족에 대한 결속력이 대단하지만, 요즘은 산아제한으로 핵가족화 되어 우리와 비슷하게 아파트가 많이 늘어나고 있는 추세입니다.

방을 깨끗이 청소해라.

把屋子清扫干净。

Bǎ wūzi qīngsǎo gānjìng

바 우즈 칭싸오 깐찡

금방 치울게요.

我这就收拾。

Wǒ zhè jiù shōushi

워 쩌 찌우 셔우스

오늘은 청소해야겠어.

今天得打扫卫生。

Jīntiān děi dǎsǎo wèishēng

찐티엔 데이 다싸오 웨이셩

청소를 도울게요.

我帮你打扫吧。

Wǒ bāng nǐ dǎsǎo ba

워 빵 니 다싸오 바

방 좀 치울 수 없니?

你就不能收拾一下房间吗?

Nǐ jiù bùnéng shōushí yīxià fángjiān ma

니 찌우 뿌넝 셔우스 이씨아 팡찌엔 마

좀 거들어줘요!

请帮我个忙!

Qǐng bāng wǒ gè máng

칭 빵 워 꺼 망

 04 대화 다시듣기

A: 오늘 우리 대청소해요.

B: 좋아요, 마침 날씨도 좋네요.

270

Unit
05

하루일과

세탁

Mini Talk

A: 这件衬衫熨过吗?

Zhè jiàn chènshān yùn guò ma

쩌 찌엔 천쌴 윈 꿔 마

이 와이셔츠 다린 거예요?

B: 上个星期都熨好了。

Shànggè xīngqī dōu yùn hǎo le

쌍꺼 씽치 떠우 윈 하오 러

지난주에 다 다려 놓은 건데.

Check Point!

중국 아빠들은 혼자서 아이를 데려나가서 산책도 많이 하고, 더 많은 시간을
보내려고 합니다. 중국 아빠들은 한국 아빠들에 비해 가사노동에 투입하는 시
간이 두배나 된다고 합니다. 이처럼 중국에서는 집안일을 하는 남성, 아이 돌
보는 아빠가 특이한 일이 아닙니다. 중국인들은 어려서부터 부모가 함께 요리
하고 설거지하는 등 집안일을 나눠 하는 것을 보면서 자라기 때문입니다.

이 옷 세탁해야겠어요.

衣服该洗了。

Yīfu gaī xǐ le

이푸 까이 시 러

이 옷은 손으로 빨아 주세요.

这件衣服用手洗吧。

Zhè jiàn yīfu yòng shǒu xì ba

쩌 찌엔 이푸 용 셔우 씨 바

이 스커트는 세탁기에 돌리면 안 돼요.

这件裙子不能用洗衣机洗。

Zhè jiàn qúnzi bùnéng yòng xǐyījī xǐ

쩌 찌엔 췬즈 뿌넝 용 시이찌 시

양복은 반드시 드라이클리닝을 해야 해요.

西装一定要干洗。

Xīzhuāng yídìng yào gānxǐ

시쭈앙 이띵 야오 깐시

빨래가 다 말랐으니 개어 놓으세요.

衣服都干了，叠一下吧。

Yīfu dōu gān le, dié yíxià ba

이푸 떠우 깐 러, 디에 이씨아 바

이 셔츠 좀 다려 주실래요?

熨一下这件衬衫好吗?

Yùn yíxià zhè jiàn chènshān hǎo ma

윈 이씨아 쩌 찌엔 천싼 하오 마

05 대화 다시듣기

A: 이 와이셔츠 다린 거예요?

B: 지난주에 다 다려 놓은 건데.

☐ ☐ ☐

272

귀가

A: 我回来了。
Wǒ huílái le
워 후이라이 러
다녀왔어요.

B: 回来啦!
Huílái la
후이라이 라
오서 오렴.

중국인은 직장에 따라 약간 차이는 있지만, 저녁 5시, 혹은 6시가 되면 대부분 칼같이 퇴근합니다. 그리고 저녁의 개인적인 모임에 가든지 귀가를 하든지 합니다. 귀가를 하는 남편이나 아이들은 집에 있는 사람에게 다녀왔다고 我回来了(Wǒ huílái le)라고 인사를 합니다. 그러면 집안에 있는 사람은 回来啦(Huílái la)라고 반갑게 맞이합니다.

엄마, 다녀왔습니다!

妈妈，我回来啦!

Māma, wǒ huílái la
마마, 워 후이라이 라

오늘 너무 피곤해요!

今天非常累!

Jīntiān fēicháng lèi
찐티엔 페이창 레이

목욕하거라.

去洗澡吧!

Qù xǐzǎo ba
취 시자오 바

오늘 뭐 맛있는 거 있어요?

今天有什么好吃的?

Jīntiān yǒu shénme hǎochī de
찐티엔 여우 션머 하오츠 더

손 씻어라.

洗洗手。

Xǐxi shǒu
시시 셔우

숙제는 없니?

没有作业吗?

Méiyǒu zuòyè ma
메이여우 쭈어예 마

06 대화 다시듣기

A: 다녀왔어요.

B: 오서 오렴.

□ □ □

274

Unit
07

하루일과

요리를 할 때

Mini Talk

A: 今天晚上做炸酱面吧。

Jīntiān wǎnshang zuò zhájiàngmiàn ba

찐티엔 완샹 쭈어 자찌앙미엔 바

오늘 저녁은 자장면을 만들어요.

B: 好啊，那要买猪肉吧。

Hǎo a, nà yào mǎi zhūròu ba

하오 아, 나 야오 마이 쭈러우 바

좋아, 그럼 돼지고기를 사와야겠네.

Check Point!

중국 네티즌들은 집안일을 잘하고, 요리를 잘하는 다정한 남자를 '누안난(暖男 nuǎnnán 가정적이고 자상한 남자라는 뜻)'이라고 부릅니다. 중국의 누안난은 외모와 성품 뿐 아니라 집안일에도 능숙해야 하니 우리보다 조건이 까다롭습니다. 또한 중국은 유교문화가 거의 사라졌습니다. 남편 시부모 공경, 이런 얘기는 꺼내지도 못합니다. 미국처럼 어른들과도 자연스럽게 친구가 됩니다.

양파 껍질 좀 벗겨 주세요.

剥一下洋葱皮。

Bāo yíxià yángcōng pí

빠오 이씨아 양총 피

이 야채 좀 씻어 주세요.

洗洗这些蔬菜。

Xǐxi zhèxiē shūcài

시시 쩌씨에 쑤차이

이 고기를 다져 주세요.

把这个肉剁一下吧。

Bǎ zhège ròu duò yíxià ba

바 쩌거 러우 뚜어 이씨아 바

오늘은 무슨 요리를 하지?

今天做什么料理?

Jīntiān zuò shénme liàolǐ

찐티엔 쭈어 션머 랴오리

너무 오래 데치지 마세요.

别焯太久。

Bié chāo tài jiǔ

비에 차오 타이 지우

생선찌개를 끓여 주세요.

给我做鲜鱼汤。

Gěi wǒ zuò xiānyú tāng

게이 워 쭈어 시엔위 탕

07 대화 다시듣기

A: 오늘 저녁은 자장면을 만들어요.

B: 좋아, 그럼 돼지고기를 사와야겠네.

276

Unit 08

하루일과

저녁식사

Mini Talk

A: 饭做好了吗?

Fàn zuò hǎo le ma

판 쭈어 하오 러 마

밥 다 됐어요?

B: 还没做好呢。

Hái méi zuò hǎo ne

하이 메이 쭈어 하오 너

아직 안 됐어.

Check Point!

중국인의 저녁은 웬만한 한국인의 잔칫날이라고 보면 됩니다. 상다리가 휘어질 정도로 풍성하게 주문합니다. 음식을 담은 그릇이 식탁에 놓을 자리가 없으면 그릇위에 그릇을 포개어 놓습니다. 손님이 먹든 안 먹든 상관하지 않습니다. 그릇에 음식이 있든 없든 상관하지 않습니다. 풍성하다 못해 낭비라는 생각이 들 정도로 중국인의 저녁식단은 넘쳐납니다.

277

배고파요.

我饿了。

Wǒ è le
워 으어 러

간식 있어요?

有点心吗?

Yǒu diǎnxin ma
여우 디엔신 마

밥 먹어라.

吃饭啦!

Chīfàn lā
츠판 라

더 주세요.

再盛一碗。

Zài chéng yìwǎn
짜이 청 이완

많이 먹었니?

吃好了吗?

Chī hǎo le ma
츠 하오 러 마

잘 먹었어요.

吃好了。

Chī hǎo le
츠 하오 러

08 대화 다시듣기

☐ ☐ ☐

A: 밥 다 됐어요?

B: 아직 안 됐어.

278

Unit 09

하루일과

저녁에 잘 때

Mini Talk

A: 我太困了, 想睡了。

Wǒ tài kùn le, xiǎng shuì le

워 타이 쿤 러, 시앙 쒜이 러

전 너무 졸려서 이제 자고 싶어요.

B: 早点儿睡吧。

Zǎo diǎnr shuì ba

자오 디알 쒜이 바

일찍 자거라.

Check Point!

저녁에 귀가하면 먼저 간단하게 샤워나 목욕을 하면서 하루의 피로를 풀어 줍니다. 그리고 나서 저녁식사를 마치면 게임을 하거나 가족 모두가 거실에 앉아서 텔레비전을 보면서 하루일과를 마무리합니다. 아이들을 각자 방에서 숙제를 하거나 공부를 합니다. 잠자리에 들기 전에 나누는 인사로는 우리말 의 '안녕히 주무세요'에 해당하는 晚安(wǎn'ān)이 있습니다.

샤워를 했더니 온몸이 개운해요.

洗完淋浴浑身舒服。

Xǐ wán ínyù húnshēn shūfu

시 완 인위 훈션 쑤푸

무슨 먹을 것 있어요?

有什么吃的东西?

Yǒu shénme chī de dōngxi

여우 션머 츠 더 똥시

너, 여지껏 텔레비전을 보고 있었니?

你现在正在看电视吗?

Nǐ xiànzài zhèngzài kàn diànshì ma

니 시엔짜이 쩡짜이 칸 띠엔쓰 마

자, 얘들아, 잠잘 시간이다.

快，孩子们，该睡觉了。

Kuài, háizǐmen, gaī shuìjiào le

콰이, 하이즈먼, 까이 쒜이쨔오 러

알람은 맞춰놓았니?

上闹表了吗?

Shàng nàobiǎo le ma

쌍 나오뱌오 러 마

엄마, 안녕히 주무세요.

妈妈，晚安。

Māma, wǎn'ān

마마, 완안

A: 전 너무 졸려서 이제 자고 싶어요.

B: 일찍 자거라.

 하루일과

Unit
10

휴일

 Mini Talk

A: 我们去散散步吧!

Wǒmen qù sànsanbù ba

워먼 취 싼싼뿌 바

우리 산책이나 갑시다!

B: 行。

Xíng

싱

좋아요.

 Check Point!

중국인도 우리와 마찬가지로 주말 휴일에는 근처의 공원이나 관광지에 놀러 가기도 하며, 다양한 취미생활을 즐기기도 합니다. 또한 가족단위로 할인점 이나 대형슈퍼마켓에 가서 쇼핑을 즐깁니다. 중국인들은 휴일 동안 직장 일 에 가장 무관심하며 직장인들이 사무실을 떠난 후 일에 대한 스트레스를 별 로 받지 않기 때문에 느긋하게 휴일을 보낼 수 있답니다.

오늘은 무엇을 할래요?

今天你干什么?

Jīntiān nǐ gān shénme
찐티엔 니 깐 션머

오늘은 집에 있어요, 아니면 밖에 나가요?

今天在家还是出去?

Jīntiān zài jiā háishì chūqù
찐티엔 짜이 찌아 하이쓰 추취

어디로 놀러 가고 싶어요!

去哪儿玩儿玩儿吧!

Qù nǎr wánrwánr ba
취 날 왈왈 바

햇빛이 이렇게 좋으니 산책이나 나갑시다.

太阳这么好，出去散散步吧。

Tàiyáng zhème hǎo, chūqù sànsanbù ba
타이양 쩌머 하오, 추취 싼싼뿌 바

오늘은 아무 데도 안 나가요.

今天哪儿也不去。

Jīntiān nǎr yě búqù
찐티엔 날 예 부취

시내에 나가서 물건 좀 사려고 해요.

上街买点儿东西。

Shàngjiē mǎi diǎnr dōngxi
쌍찌에 마이 디알 똥시

10 대화 다시듣기

A: 우리 산책이나 갑시다! □ □ □

B: 좋아요.

출신학교와 전공

Mini Talk

A: 你在哪个大学念书?

Nǐ zài nǎge dàxué niànshū

니 짜이 나거 따쉬에 니엔쑤

어느 대학교에 다니세요?

B: 我在北京大学念书。

Wǒ zài Běijīngdàxué niànshū

워 짜이 베이찡따쉬에 니엔쑤

북경대학교에 다닙니다.

Check Point!

우리는 대학을 들어기기도 어려울 뿐만 아니라 취업경쟁으로 인해 대학생활도 매우 어려운 환경에 놓여 있습니다. 어느 학교에 다니는지 물을 때는 你在哪个学校念书(Nǐ zài nǎge xuéxiào niànshū)?라고 하며, 만약 상대가 대학생이라면 전공이 무엇인지를 묻고 싶을 때는 你是哪个专业的(Nǐ shì nǎge zhuānyè de)?라고 하면 됩니다.

어느 학교에 다니세요?

你在哪个学校念书?

Nǐ zài nǎge xuéxiào niànshū
니 짜이 나거 쉬에쌰오 니엔쑤

저는 대학원에 다녀요.

我在研究所念书。

Wǒ zài yánjiūsuǒ niànshū
워 짜이 이엔찌우쑤어 니엔쑤

무얼 전공하십니까?

你是哪个专业的?

Nǐ shì nǎge zhuānyè de
니 쓰 나거 쭈안예 더

교육학을 전공하고 있습니다.

我专攻教育学呢。

Wǒ zhuāngōng jiàoyùxué ne
워 쭈안꽁 쨔오위쉬에 너

어떤 학위를 가지고 계십니까?

请问你有什么学位?

Qǐngwèn nǐ yǒu shénme xuéwèi
칭원 니 여우 션머 쉬에웨이

몇 년도에 졸업하셨어요?

你哪年毕业的?

Nǐ nǎnián bìyè de
니 나니엔 삐예 더

 11 대화 다시듣기

A: 어느 대학교에 다니세요?　　　　□ □ □
B: 북경대학교에 다닙니다.

Unit
12

학교생활

학교와 학년

Mini Talk

A: 你几年级?

Nǐ jǐ niánjí

니 지 니엔지

몇 학년이세요?

B: 我是大学三年级的。

Wǒ shì dàxué sān niánjí de

워 쓰 따쉐에 싼 니엔지 더

대학교 3학년입니다.

Check Point!

유아원(幼儿园 yòu'éryuán)은 3세 이상의 취학 연령 전의 아동을 모집하며 만 6세에 초등학교(小学 xiǎoxué)에 입학합니다. 초등학교(小学)와 중학교(初中 chūzhōng)의 학제는 6, 3제와 5, 4제를 위주로 합니다. 고등학교(高中 gāozhōng)의 학제는 3년이며, 대학의 본과 학제는 일반적으로 4년이고 일부 이공대학은 5년이며, 의과대학은 5년과 7년 두 종류의 학제가 있습니다.

당신은 학교에 다니죠?

你是上学的吗?

Nǐ shì shàngxué de ma
니 쓰 쌍쉬에 더 마

당신은 학생이죠?

你是学生吧?

Nǐ shì xuéshēng ba
니 쓰 쉬에셩 바

당신은 대학생이세요?

你是大学生吗?

Nǐ shì dàxuéshēng ma
니 쓰 따쉬에셩 마

저는 대학생입니다.

我是大学生。

Wǒ shì dàxuéshēng
워 쓰 따쉬에셩

몇 학년이세요?

几年级了?

Jǐ niánjí le
지 니엔지 러

아들은 초등학생입니다.

我儿子是小学生。

Wǒ érzi shì xiǎoxuéshēng
워 얼즈 쓰 샤오쉬에셩

 12 대화 다시듣기

A: 몇 학년이세요? □ □ □

B: 대학교 3학년입니다.

 학교생활

학교생활

Mini Talk

A: 听说你去留学，是真的吗?

Tīngshuō nǐ qù liúxué, shì zhēn de ma

팅쑤어 니 취 리우쉬에, 쓰 쩐 더 마

유학 간다는 게 정말이니?

B: 是啊，幸亏拿到了奖学金。

Shì a, xìngkuī nádào le jiǎngxuéjīn

쓰 아, 씽쿠이 나따오 러 지앙쉬에찐

응, 다행히 장학금을 받게 되었어.

 Check Point!

중국 대학의 수업은 우리와 비슷한 수업 체계로 구성되어 있어 크게 자신이 선택한 전공수업과 교양수업으로 나뉘어져 있습니다. 대부분의 대학들은 자체에서 학생들을 위해 노래경연, 패션쇼, 연말행사 등 다양한 활동을 진행하고 있습니다. 뷔페식 학식은 중국 대학에서만 볼 수 있는 것으로 매일매일 골라먹는 재미가 있으며, 캠퍼스가 거대하여 전동오토바이나 자전거가 필수입니다.

이 대학의 1년 학비는 얼마입니까?

这所大学一年的学费是多少?

Zhè suǒ dàxué yìnián de xuéfèi shì duōshǎo

쩌 쑤어 따쉬에 이니엔 더 쉬에페이 쓰 뚜어샤오

아르바이트를 하고 있나요?

你正在打工吗?

Nǐ zhèngzài dǎgōng ma

니 쩡짜이 다꽁 마

저는 아르바이트를 하면서 공부하고 있어요.

我是一边打工一边读书的。

Wǒ shì yìbiān dǎgōng yìbiān dúshū de

워 쓰 이삐엔 다꽁 이삐엔 두쑤 더

어떤 동아리 활동을 하고 있니?

你加入什么团体活动?

Nǐ jiārù shénme tuántǐ huódòng

니 찌아루 션머 투안티 훠똥

장학금 신청했니?

申请奖学金了吗?

Shēnqǐng jiǎngxuéjīn le ma

션칭 지앙쉬에찐 러 마

너 논문 다 썼니?

你的论文写完了吗?

Nǐ de lùnwén xiě wán le ma

니 더 룬원 시에 완 러 마

13 대화 다시듣기

☐ ☐ ☐

A: 유학 간다는 게 정말이니?

B: 응, 다행히 장학금을 받게 되었어.

Unit 14

학교생활

수강신청과 학점

Mini Talk

A: 这个学期申请了几学分?

Zhège xuéqī shēnqǐng le jǐ xuéfēn

쩌거 쉬에치 션칭 러 지 쉬에펀

이번 학기에 몇 학점 신청했니?

B: 我听18个学分。

Wǒ tīng shíbā gè xuéfēn

워 팅 스빠 꺼 쉬에펀

나는 18학점 들어.

Check Point!

중국의 교육과정은 앞서 언급한 대로 우리나라와 비슷하면서도 약간 다릅니다. 중국의 의무교육은 9년으로 중학교까지 의무교육에 해당합니다. 고등학교로 진학하기 위해서는 中考(zhōngkǎo)라고 불리는 고교입학시험을 치뤄야 합니다. 중학교를 초급중학교, 고등학교를 고급중학교로 분류하기 때문에 고교입학시험을 中考라고 부릅니다.

너 수강 신청 다 했어?

你选课申请都完成了吗?

Nǐ xuǎnkè shēnqǐng dōu wánchéng le ma

니 쉬엔커 썬칭 떠우 완청 러 마

수강신청 마감일이 언제입니까?

选课申请截止到什么时候?

Xuǎnkè shēnqǐng jiézhǐ dào shénmeshíhou

쉬엔커 썬칭 지에즈 따오 션머스허우

언제까지 수강신청을 변경할 수 있습니까?

到什么时候可以更换课程?

Dào shénmeshíhou kěyǐ gēnghuàn kèchéng

따오 션머스허우 커이 껑환 커청

너 학점은 충분하니?

你的学分够了吗?

Nǐ de xuéfēn gòu le ma

니 더 쉬에펀 꺼우 러 마

너 학점은 어떻게 나왔어?

你的学分是多少?

Nǐ de xuéfēn shì duōshǎo

니 더 쉬에펀 쓰 뚜어샤오

너는 올해 몇 학점 땄니?

你今年拿到几个学分?

Nǐ jīnnián nádào jǐgè xuéfēn

니 찐니엔 나따오 지꺼 쉬에펀

A: 이번 학기에 몇 학점 신청했니?

B: 나는 18학점 들어.

Unit
15

📢 학교생활

수업

Mini Talk

A: 你几点下课?

Nǐ jǐdiǎn xiàkè

니 지디엔 씨아커

몇 시에 수업이 끝나요?

B: 下午四点下课。

Xiàwǔ sìdiǎn xiàkè

씨아우 쓰디엔 시아커

오후 4시에 수업이 끝나요.

Check Point!

수업시간도 우리와 크게 다르지 않습니다. 수업시간이 되어 기다리면 선생님이 오셔서 출석을 확인니다. 출석점검이 끝나면 수업이 시작됨을 알리고 본격적으로 수업이 진행되죠. 수업중에 선생님께 질문할 때는 손을 들어 老师, 我有一个问题(ǎoshī, wǒ yǒu yíge wèntí)라고 말합니다. 수업을 마칠 때는 今天讲到这儿(Jīntiān jiǎng dào zhèr)이라고 합니다.

수업이 곧 시작됩니다.

快开始上课了。

Kuài kāishǐ shàngkè le
콰이 카이스 쌍커 러

질문 있으면 하세요.

有什么问题，就说吧。

Yǒu shénme wèntí, jiù shuō ba
여우 션머 원티, 찌우 쑤어 바

선생님, 질문 있습니다.

老师，我有一个问题。

Lǎoshī, wǒ yǒu yíge wèntí
라오쓰, 워 여우 이거 원티

수업할 때 옆 사람과 말하지 마세요.

上课时，不要跟别人说话。

Shàngkè shí, búyào gēn biérén shuōhuà
쌍커 스, 부야오 껀 비에런 쑤어화

오늘 수업은 여기까지예요.

今天讲到这儿。

Jīntiān jiǎng dào zhèr
찐티엔 지앙 따오 쩔

이 수업은 너무 어려워 재미가 없어요.

这个课太难，没意思。

Zhège kè tài nán, méiyìsī
쩌거 커 타이 난, 메이이쓰

15 대화 다시듣기

A: 몇 시에 수업이 끝나요?　　□ □ □

B: 오후 4시에 수업이 끝나요.

학교생활

Unit
16

중국어

Mini Talk

A: 你学汉语学多久了?

Nǐ xué Hànyǔ xué duōjiǔ le

니 쉬에 한위 쉬에 뚜어지우 러

중국어를 얼마 동안이나 배우셨어요?

B: 我学汉语学四年了。

Wǒ xué Hànyǔ xué sìnián le

워 쉬에 한위 쉬에 쓰니엔 러

저는 중국어를 4년 배웠어요.

Check Point!

HSK는 중국어능력시험으로 중국어가 모국어가 아닌 사람을 대상으로 실시하는 가장 권위 있는 시험으로 중국유학이나 입사에 필요한 시험입니다. HSK 필기시험은 청취, 독해, 작문 3영역으로 나뉘고 각 부분의 문항수와 시간은 급수마다 다릅니다. 구술시험은 듣고 말하기와 읽고 말하기가 원칙이며, 초급 200개, 중국 약 900개, 고급 약 3000개의 어휘 사용이 요구됩니다.

중국어를 얼마 동안이나 배우셨어요?

你学汉语学多久了?

Nǐ xué Hànyǔ xué duōjiǔ le
니 쉬에 한위 쉬에 뚜어지우 러

중국어가 어렵나요?

汉语难吗?

Hànyǔ nán ma
한위 난 마

중국어는 한국어보다 훨씬 어려워요.

汉语比韩国话难得多。

Hànyǔ bǐ Hánguóhuà nán dé duō
한위 비 한궈화 난 더 뚜어

중국어를 잘 하시네요.

你说汉语说得很好。

Nǐ shuō Hànyǔ shuō dé hěn hǎo
니 쑤어 한위 쑤어 더 헌 하오

당신의 중국어 수준은 날이 갈수록 좋아지네요.

你的汉语水平, 一天比一天好。

Nǐ de Hànyǔ shuǐpíng, yìtiān bǐ yìtiān hǎo
니 더 한위 수이핑,이티엔 비 이티엔 하오

요즘 중국어 공부하는 것이 어때요?

最近学习汉语怎么样?

Zuìjìn xuéxí Hànyǔ zěnmeyàng
쭈이찐 쉬에시 한위 전머양

16 대화 다시듣기

A: 중국어를 얼마 동안이나 배우셨어요? ☐ ☐ ☐
B: 저는 중국어를 4년 배웠어요.

294

학교생활

Unit
17

시험

 Mini Talk

A: 考试结果怎么样?

Kǎoshì jiéguǒ zěnmeyàng

카오쓰 지에궈 전머양

시험 결과는 어때?

B: 得了100分，太高兴了。

Dé le bǎifēn, tài gāoxìng le

더 러 바이펀, 타이 까오씽 러

100점 받았어. 너무 기뻐.

 Check Point!

우리나라 수능처럼 중국에도 대학입시제도인 高考(gāokǎo)가 있습니다. 우리처럼 수시제도가 없어 高考에만 집중하기 때문에 세계에서 가장 치열한 시험이라고 불리며 응시자만 천 만명이 넘는다고 합니다. 高考는 이틀 동안 진행되며 공통과목인 언어와 수학, 외국어는 모든 학생이 시험을 보고, 문과는 정치, 역사, 지리 중 2과목을 선택, 이과는 물리, 화학, 생물 중 2과목을 선택합니다.

언제부터 시험이죠?

什么时候开始考试?

Shénmeshíhòu kāishǐ kǎoshì

션머스허우 카이스 카오쓰

곧 기말고사가 있어요.

快到期末考试了。

Kuài dào qīmòkǎoshì le

콰이 따오 치모어카오쓰 러

이제 공부를 좀 해야 할 것 같아요.

我该做一做功课了。

Wǒ gaī zuò yízuò gōngkè le

워 까이 쭈어 이쭈어 꽁커 러

공부 다 했니?

都复习好了吗?

Dōu fùxí hǎo le ma

떠우 푸시 하오 러 마

시험 잘 봤니?

考得好吗?

Kǎo de hǎo ma

카오 더 하오 마

시험 결과는 어떻게 되었어?

考试结果怎么样了?

Kǎoshì jiéguǒ zěnmeyàng le

카오쓰 지에궈 전머양 러

A: 시험 결과는 어때?

B: 100점 받았어. 너무 기뻐.

Unit 18

성적

A: 这个学期的成绩怎么样?

Zhège xuéqī de chéngjì zěnmeyàng

쩌거 쉬에치 더 청찌 전머양

이번 학기 성적은 어때?

B: 比想象的差多了。

Bǐ xiǎngxiàng de chà duō le

비 시앙씨앙 더 차 뚜어 러

예상보다 훨씬 못해.

Check Point!

HSK 시험 방식은 기존의 지필 시험과 컴퓨터를 사용하는 IBT시험의 두 가지가 있습니다. 시험의 용도는 중국과 한국의 대학 및 대학원 입학·졸업시 평가 기준, 중국정부 장학생 선발 기준, 한국의 특목고 입학시 평가 기준, 교양 중국어 학력평가 기준, 각 업체 및 기관의 채용이나 승진을 위한 기준 등으로 활용되며 성적의 유효기간은 시험일로부터 2년입니다.

공부 잘 해요?

学习成绩好吗?

Xuéxí chéngjì hǎo ma
쉬에시 청찌 하오 마

성적이 올랐어요.

成绩上去了。

Chéngjì shàngqù le
청찌 쌍취 러

영어 성적은 어땠어?

英语成绩怎么样?

Yīngyǔ chéngjì zěnmeyàng
잉위 청찌 전머양

그는 중국어 성적이 특히 좋아요.

他的汉语成绩特别好。

Tā de Hànyǔ chéngjì tèbié hǎo
타 더 한위 청찌 터비에 하오

그녀는 학교에서 성적이 제일 좋아요.

她在学校里成绩最好。

Tā zài xuéxiào lǐ chéngjì zuì hǎo
타 짜이 쉬에샤오 리 청찌 쭈이 하오

그는 우리반에서 성적이 꼴찌였어요.

他在我们班成绩最差。

Tā zài wǒmen bān chéngjì zuì chà
타 짜이 워먼 빤 청찌 쭈이 차

 18 대화 다시듣기

☐ ☐ ☐

A: 이번 학기 성적은 어때?

B: 예상보다 훨씬 못해.

Unit 19 📢 학교생활

도서관

Mini Talk

A: 一次能借几本书?

Yícì néng jiè jǐ běnshū

이츠 넝 찌에 지 번쑤

한 번에 몇 권까지 빌릴 수 있습니까?

B: 可以借3本, 两周内要退还。

Kěyǐ jiè sān běn, liǎngzhōu nèi yào tuihuán

커이 찌에 싼 번,

량쩌우 네이 야오 투이환

3권 빌릴 수 있습니다.

2주 안에 반납해야 합니다.

Check Point!

중국의 대학들도 시험기간 뿐만 아니라 평소에도 도서관 자리 잡기 경쟁이 치열합니다. 대학생들이 이처럼 공부에 목을 맨 이유는 중국에선 대학원에 입학해 석사학위를 받으려는 학생들이 계속 증가하고 있기 때문입니다. 중국도 우리나라와 같이 대학진학률이 높아지자 학사 학위만으로는 취업이 힘들어졌고 결국 더 좋은 직업을 갖기 위해 석사 학위에 도전하고 있는 것입니다.

이 책 세 권을 빌리고 싶은데요.

我想借这3本书。

Wǒ xiǎng jiè zhè sānběn shū

워 시앙 찌에 쩌 싼번 쑤

대출증을 보여 주세요.

给我看一下借阅证。

Gěi wǒ kàn yíxià jièyuèzhèng

게이 워 칸 이씨아 찌에위에쩡

대출기간은 며칠입니까?

借书期限是几天?

Jièshū qīxiàn shì jǐtiān

찌에쑤 치시엔 쓰 지티엔

연장 대출이 가능합니까?

可以续借吗?

Kěyǐ xùjiè ma

커이 쉬찌에 마

열람실에서는 휴대폰을 사용할 수 없습니다.

在阅览室不能使用手机。

Zài yuèlǎnshì bùnéng shǐyòng shǒujī

짜이 위에란쓰 뿌넝 스용 셔우찌

복사기를 쓸 수 있습니까?

我可以使用复印机吗?

Wǒ kěyǐ shǐyòng fùyìnjī ma

워 커이 스용 푸인찌 마

19 대화 다시듣기

A: 한 번에 몇 권까지 빌릴 수 있습니까?   □ □ □

B: 3권 빌릴 수 있습니다. 2주 안에 반납해야 합니다.

학교생활

기숙사

Mini Talk

A: 这所学校有宿舍吗?

Zhè suǒ xuéxiào yǒu sùshè ma

쩌 쑤어 쉬에쌰오 여우 쑤셔 마

이 학교는 기숙사가 있습니까?

B: 有专门为留学生准备的宿舍。

Yǒu zhuānmén wèi liúxuéshēng zhǔnbèi de sùshè

여우 쭈안먼 웨이 리우쉬에셩

준뻬이 더 쑤셔

**유학생 전용 기숙사가
준비되어 있습니다.**

Check Point!

중국은 중고등학교나 대학교에 다니는 학생들이 대부분 '기숙사(宿舍 sùshè)'에서 생활하고 주중에는 학교에서 생활하고 주말에 집에 돌아갑니다. 보통 8명이 함께 생활하는 기숙사 안은 2층 침대와 책상만으로 비좁아 창문 밖으로 빨래를 널어놓은 풍경을 볼 수 있습니다. 유학생 기숙사는 환경이 좋은 편이지만 학교의 허가를 받아 외부에서 거주하는 학생들도 많습니다.

유학생 기숙사가 있습니까?

有留学生宿舍吗?

Yǒu liúxuéshēng sùshè ma
여우 리우쉬에셩 쑤셔 마

기숙사 안에 학생식당이 있습니까?

宿舍区内有学生食堂吗?

Sùshè qūnèi yǒu xuéshēng shítáng ma
쑤셔 취네이 여우 쉬에셩 스탕 마

기숙사 생활은 어때요?

宿舍生活怎么样?

Sùshè shēnghuó zěnmeyàng
쑤셔 셩훠 전머양

나는 룸메이트와 사이가 좋아요.

我和同屋关系很好。

Wǒ hé tóngwū guānxi hěn hǎo
워 허 통우 꽌시 헌 하오

방학기간에도 기숙사에 머물 수 있습니까?

放假期间,可以留在宿舍吗?

Fàngjià qījiān, kěyǐ liúzài sùshè ma
팡찌아 치찌엔, 커이 리우짜이 쑤셔 마

외부인 출입을 허용합니까?

允许外人出入吗?

Yǔnxǔ wàirén chūrù ma
윈쉬 와이런 추루 마

20 대화 다시듣기

A: 이 학교는 기숙사가 있습니까? ☐ ☐ ☐

B: 유학생 전용 기숙사가 준비되어 있습니다.

302

직장생활

출퇴근

Mini Talk

A: **你每天几点上班?**

Nǐ měitiān jǐdiǎn shàngbān

니 메이틴 지디엔 샹빤

매일 몇 시에 출근하세요?

B: **我每天早上八点钟上班。**

Wǒ měitiān zǎoshang bādiǎnzhōng shàngbān

워 메이티엔 자오샹 빠디엔쯩 샹빤

저는 매일 오전 8시에 출근합니다.

Check Point!

중국도 대도시에서는 우리와 마찬가지로 버스나 지하철, 자가용 등으로 출퇴
근을 합니다. 아침에 만났을 때 인사를 나누는 것은 당연한 이야기지만 큰소리
로 반갑게 인사를 합니다. 아침 출근은 늦어도 10분전까지는 자리에 앉도록 해
야 합니다. 물론 정각 9시에 도착해도 지각은 아니지만... 몇 시에 출근하는지
를 물을 때는 你每天几点上班(Nǐ měitiān jǐdiǎn shàngbān)?라고 합니다.

지금 출근하십니까?

你现在上班吗?

Nǐ xiànzài shàngbān ma
니 시엔짜이 쌍빤 마

몇 시까지 출근하세요?

你到几点上班?

Nǐ dào jǐdiǎn shàngbān
니 따오 지디엔 쌍빤

출근시간은 일정하지 않아요.

上班的时间不一定。

Shàngbān de shíjiān bù yídìng
쌍빤 더 스찌엔 뿌 이띵

당신은 보통 어떻게 출퇴근 하세요?

你一般怎么上下班?

Nǐ yìbān zěnme shàngxiàbān
니 이빤 전머 쌍씨아빤

통상 지하철로 출퇴근해요.

通常坐地铁上下班。

Tōngcháng zuò dìtiě shàngxiàbān
통창 쭈어 띠티에 쌍씨아빤

회사까지 가는 통근차가 있어요?

有没有到公司的班车?

Yǒuméiyǒu dào gōngsī de bānchē
여우메이여우 따오 꽁쓰 더 빤처

21 대화 다시듣기

A: 매일 몇 시에 출근하세요? ☐ ☐ ☐

B: 저는 매일 오전 8시에 출근합니다.

학습일 / □

직장생활

Unit 22

근무에 대해서

Mini Talk

A: **今天又加班吗?**

Jīntiān yòu jiābān ma

찐티엔 여우 찌아빤 마

오늘 또 잔업해요?

B: **是的，这几天几乎每天都加班。**

Shì de, zhè jǐtiān jǐhū měitiān dōu jiābān

쓰 더, 쩌 지티엔 지후 메이티엔 떠우 찌아빤

**그렇습니다, 요즘은
거의 매일 초과근무를 해요.**

Check Point!

중국의 일반직장의 근무시간은 대체로 오전 8반에서 오후 5시반(주 5일 근무제)을 기준으로 다소 탄력적으로 운영되고 있습니다. 노동계약법에 의해 1일 8시간 근무, 매주 평균근무 40시간을 초과할 수 없습니다. 관공서는 일반적으로 출퇴근이 30분 빠릅니다. 지역별로 차이는 있으나 간혹 일부 남방지역의 경우 점심시간 후 30분 정도 오침시간을 가지는 곳도 있습니다.

하루에 몇 시간씩 일하세요?

一天工作几个小时?

Yìtiān gōngzuò jǐgè xiǎoshí
이티엔 꽁쭈어 지꺼 샤오스

1주일에 며칠 일하세요?

你一周工作几天?

Nǐ yìzhōu gōngzuò jǐ tiān
니 이쩌우 꽁쭈어 지 티엔

점심휴식 시간은 얼마나 됩니까?

你们午休时间多长?

Nǐmen wǔxiū shíjiān duōcháng
니먼 우씨우 스찌엔 뚜어창

당신네 회사는 자주 잔업을 합니까?

你们公司经常加班吗?

Nǐmen gōngsī jīngcháng jiābān ma
니먼 꽁쓰 찡창 찌아빤 마

잔업은 늘 합니까?

经常加班吗?

Jīngcháng jiābān ma
찡창 찌아빤 마

어제는 2시간 잔업을 했어요.

昨天加了两个小时班。

Zuótiān jiāle liǎnggè xiǎoshí bān
쭈어티엔 찌아러 량꺼 샤오스 빤

22 대화 다시듣기

A: 오늘 또 잔업해요?

B: 그렇습니다, 요즘은 거의 매일 초과근무를 해요.

직장생활

Unit
23

상사와 부하에 대해서

Mini Talk

A: 你跟上级的关系怎么样?

Nǐ gēn shàngjí de guānxì zěnmeyàng

니 껀 쌍지 더 꽌시 전머양

당신 상사와의 사이가 어떠세요?

B: 我讨厌我上司。

Wǒ tǎoyàn wǒ shàngsi

워 타오이엔 워 쌍쓰

저는 제 상사가 싫습니다.

Check Point!

중국에서 关系(guānxì)의 힘은 참으로 대단합니다. 关系는 '관계' 혹은 '인맥'이라 할 수 있겠습니다. '인맥만 있으면 출세를 한다'라고 생각을 할 수도 있지만, 그런 관점이 아닌 중국사람들의 유대관계의 힘을 말합니다. 关系는 그 자체를 목표로 삼는 것보다 어떻게 하면 이익을 만들어서 함께 나눌 수 있는지를 고민하는 것이 关系의 올바른 태도입니다.

상사가 누구세요?

你的上级是谁?

Nǐ de shàngjí shì shéi
니 더 쌍지 쓰 쉐이

그 사람 어때요?

那个人怎么样?

Nàgè rén zěnmeyàng
나거 런 전머양

그는 잔소리가 심해요.

他可愿意罗嗦了。

Tā kě yuànyì luósuō le
타 커 위엔이 루어쑤어 러

당신 상사와의 관계는 어떠세요?

你跟领导的关系怎么样?

Nǐ gēn lǐngdǎo de guānxì zěnmeyàng
니 껀 링다오 더 꽌시 전머양

나는 그 사람하고 마음이(손발이) 안 맞아요.

我跟他合不来。

Wǒ gēn tā hébùlái
워 껀 타 허뿌라이

그 사람은 시간을 아주 잘 지켜요.

他非常守时。

Tā fēicháng shǒu shí
타 페이창 셔우 스

23 대화 다시듣기

A: 당신 상사와의 사이가 어떠세요?   ☐ ☐ ☐
B: 저는 제 상사가 싫습니다.

Unit 24

직장생활

회사를 소개할 때

Mini Talk

A: 这公司里有多少员工?

Zhè gōngsī lǐ yǒu duōshǎo yuángōng

쩌 꽁쓰 리 여우 뚜어샤오 위엔꽁

이 회사에는 직원이 몇 명입니까?

B: 我们公司里有三百多员工。

Wǒmen gōngsī lǐ yǒu sānbǎi duō yuángōng

워먼 꽁쓰 리 여우 싼바이 뚜어 위엔꽁

우리 회사의 직원은 300여명입니다.

Check Point!

방문 회사에 도착하면 안내데스크에 가서 약속한 사람의 신분을 말하고 만나고자 하는 사람의 부서와 이름을 말하고 대기하다가 안내를 받으면 됩니다. 명함을 주고받을 때는 고객사에게 먼저 명함을 주고 나중에 받습니다. 테이블에 앉으면 명함을 테이블에 올려놓고 이름과 인상을 기억해둡니다. 받은 명함에 메모를 해서는 안 됩니다.

귀사에 대해 좀 자세히 알고 싶습니다.

我想了解一下贵公司。

Wǒ xiǎng liǎojiě yíxià guì gōngsī
워 시앙 랴오지에 이씨아 꾸이 꽁쓰

귀사의 공식 명칭은 무엇입니까?

请问贵公司的全称?

Qǐngwèn guì gōngsī de quánchēng
칭원 꾸이 꽁쓰 더 취엔청

우리 회사는 본사가 서울에 있어요.

我们公司的总部在首尔。

Wǒmen gōngsī de zǒngbù zài Shǒu'ěr
워먼 꽁쓰 더 종뿌 짜이 셔우얼

여기가 우리 회사의 본부입니다.

这儿是我们的总公司。

Zhèr shì wǒmen de zǒnggōngsī
쩔 쓰 워먼 더 종꽁쓰

여기가 우리 회사의 공장입니다.

这里是我们公司的工厂。

Zhèlǐ shì wǒmen gōngsī de gōngchǎng
쩌리 쓰 워먼 꽁쓰 더 꽁창

제가 공장을 안내해 드리겠습니다.

让我带您看看我们的工厂。

Ràng wǒ dài nín kànkan wǒmen de gōngchǎng
랑 워 따이 닌 칸칸 워먼 더 꽁창

24 대화 다시듣기

A: 이 회사에는 직원이 몇 명입니까? ☐ ☐ ☐

B: 우리 회사의 직원은 300여명입니다.

310

Unit
25

📢 직장생활

업무

Mini Talk

A: 那项工程进展得怎么样?

Nà xiàng gōngchéng jìnzhǎn de zěnmeyàng

나 시앙 꽁청 찐잔 더 전머양

어느 정도까지 일이 진척되었죠?

B: 快要完工了。

Kuàiyào wángōng le

콰이야오 완꽁 러

거의 완공되어 가고 있습니다.

Check Point!

중국은 자기 업무가 끝나면 눈치를 보지 않고 퇴근을 하기 때문에 보통 야근을 하지 않습니다. 또한 중국회사는 대부분 자유로운 분위기에서 개인적인 특성으로 독립적으로 업무를 봅니다. 점심시간은 낮잠 자는 시간이 있기 때문에 우리보다 30분에서 1시간 정도 긴 편입니다. 우리는 회식에 무조건 참석하는 분위기이지만 중국에서는 눈치 보지 않고 선약이 있으면 불참을 합니다.

나 대신 이 일 좀 해 줘요.

替我做一下这件事。

Tì wǒ zuò yíxià zhè jiàn shì

티 워 쭈어 이씨아 쩌 찌엔 쓰

안 바쁘면, 나 좀 도와줄 수 있어요?

不忙的话，能帮我个忙吗?

Bùmáng de huà, néng bāng wǒ gè máng ma

뿌망 더 화, 넝 빵 워 거 망 마

어제 부탁한 보고서는 다 됐어요?

昨天让你写的报告弄好了吗?

Zuótiān ràng nǐ xiě de bàogào nòng hǎo le ma

주어티엔 랑 니 시에 더 빠오까오 농 하오 러 마

언제쯤 끝낼 수 있어요?

什么时候能完成?

Shénmeshíhòu néng wánchéng

션머스허우 넝 완청

결과가 어떻습니까? 마음에 드십니까?

结果怎么样? 满意吗?

Jiéguǒ zěnmeyàng? mǎnyì ma

지에궈 전머양? 만이 마

여기에 서명해 주십시오.

请在这儿签名。

Qǐng zài zhèr qiānmíng

칭 짜이 쩔 치엔밍

25 대화 다시듣기

A: 어느 정도까지 일이 진척되었죠? ☐ ☐ ☐

B: 거의 완공되어 가고 있습니다.

Unit
26

사무실

Mini Talk

A: 你能帮我复印一下吗?

Nǐ néng bāng wǒ fùyìn yíxià ma

니 넝 빵 워 푸인 이씨아 마

복사 좀 해 줄 수 있어요?

B: 好吧。

Hǎo ba

하오 바

그러지요.

📖
Check Point!

회사에 출근하면 퇴근할 때까지 하루종일 자기가 맡은 일을 하게 됩니다. 요즘은 인터넷의 발달로 필요한 자료를 쉽게 검색할 수 있습니다. 또한 팩스(传真 chuánzhēn)를 이용하기보다는 간편하게 이메일(电子邮件 diànzǐ yóujiàn)을 주로 이용합니다. 상대의 이메일 주소를 물어볼 때는 电子邮箱地址是什么(diànzi yóuxiāng dìzh shì shénme)?라고 확인합니다.

여기서 팩스를 보낼 수 있나요?

在这儿能不能发传真?

Zài zhèr néngbùnéng fā chuánzhēn

짜이 쩔 넝뿌넝 파 추안쩐

팩스를 보냈나요?

你发传真了没有?

Nǐ fā chuánzhēn le méiyǒu

니 파 추안쩐 러 메이여우

그 복사기는 고장났어요.

那个复印机出毛病了。

Nàge fùyìnjī chūmáobìng le

나거 푸인찌 추마오삥 러

그 문서 이름이 뭐죠?

那个文件名称是什么?

Nàge wénjiàn míngchēng shì shénme

나거 원찌엔 밍청 쓰 션머

내 컴퓨터가 바이러스에 걸렸어요.

我的电脑染上了病毒。

Wǒ de diànnǎo rǎnshàng le bìngdú

워 더 띠엔나오 란쌍 러 삥두

제가 사장님께 이메일을 보냈어요.

我给总经理发伊妹儿。

Wǒ gěi zǒngjīnglǐ fā yīmèir

워 게이 종찡리 파 이메이얼

26 대화 다시듣기

☐ ☐ ☐

A: 복사 좀 해 줄 수 있어요?

B: 그러지요.

Unit
27

직장생활

입사와 승진·이동

Mini Talk

A: 欢迎您进我们公司。

Huānyíng nín jìn wǒmen gōngsī

환잉 닌 찐 워먼 꽁쓰

우리 회사에 입사한 것을 환영합니다.

B: 这么欢迎我，我表示感谢!

Zhème huānyíng wǒ, wǒ biǎoshì gǎnxiè

쩌머 환잉 워, 워 뱌오쓰 간씨에

이렇게 환영해 주셔서 감사합니다.

Check Point!

面子(miànzi)는 앞서 언급한 关系(guānxi)와 밀접한 관계가 있습니다. 우리 말의 체면을 뜻하는 面子는 자신인 내뱉는 말에 책임을 지는 것이 곧 체면과 연결되기 때문에 정말 친구라고 생각하면 무슨 일이 있으면 성심성의껏 서로 도와주는 편입니다. 따라서 누군가에 도움을 받았다고 해서 꼭 보답을 할 필요는 없습니다. 자신의 체면을 위해서 도와준 것이기 때문입니다.

우리 회사에 입사한 것을 환영합니다.

欢迎您进我们公司。

Huānyíng nín jìn wǒmen gōngsī

환잉 닌 찐 워먼 꿍쓰

여기서 일하게 되어 정말 기쁩니다.

我到这儿来工作，真高兴。

Wǒ dào zhèr lái gōngzuò, zhēn gāoxìng

워 따오 쩔 라이 꿍쭈어, 쩐 까오씽

여러분의 많은 지도 부탁드립니다.

请你们多多指教。

Qǐng nǐmen duōduō zhǐjiào

칭 니먼 뚜어뚜어 즈쨔오

우리 부서에 오신 것을 환영합니다.

欢迎你来我们部门。

Huānyíng nǐ lái wǒmen bùmén

환잉 니 라이 워먼 뿌먼

제 중국어 수준이 별로 좋지 않으니, 이해해 주십시오.

我的汉语水平不怎么好，请你谅解。

Wǒ de Hànyǔ shuǐpíng bù zěnme hǎo, qǐng nǐ liàngjiě

워 더 한위 수이핑 뿌 전머 하오, 칭 니 량지에

승진을 축하합니다.

祝贺你升职。

Zhùhè nǐ shēngzhí

쭈허 니 썽즈

27 대화 다시듣기

A: 우리 회사에 입사한 것을 환영합니다.　　☐ ☐ ☐

B: 이렇게 환영해 주셔서 감사합니다.

Unit 28

 직장생활

급여

 Mini Talk

A: 你一个月薪水是多少?

Nǐ yíge yuè xīnshuǐ shì duōshǎo

니 이거 위에 씬수이 쓰 뚜어샤오

당신의 한 달 월급은 얼마입니까?

B: 我的薪水是一个月八百五十块钱。

Wǒ de xīnshuǐ shì yíge yuè bābǎiwǔshíkuài qián

워 더 씬수이 쓰 이거 위에

빠바이우스콰이 치엔

내 월급은 한 달에 850원입니다.

Check Point!

회사생활에서 가장 중요하면서도 즐거운 것은 월급을 받는 것입니다. 우리나라 회사에서는 채용할 때부터 대부분 월급(연봉)을 공개하지만 중국은 월급(연봉)을 공개하지 않습니다. 같이 입사했더라도 월급 차이가 있을 수 있다는 점이 우리와 다릅니다. '월급을 주다'라고 말할 때는 (发工资(fā gōngzī), '월급을 타다'라고 말할 때는 领工资(lǐng gōngzī)라고 합니다.

수입은 어때요?

收入怎么样?

Shōurù zěnmeyàng
셔우루 전머양

연봉이 얼마나 됩니까?

年薪多少?

Niánxīn duōshǎo
니엔씬 뚜어샤오

실질임금은 그리 많지 않아요.

实际工资不太多。

Shíjì gōngzī bú tài duō
스찌 꽁쯔 부 타이 뚜어

오늘은 월급날입니다.

今天发工资。

Jīntiān fā gōngzī
찐티엔 파 꽁쯔

내 월급은 많아요.

我的薪水很高。

Wǒ de xīnshuǐ hěn gāo
워 더 씬수이 헌 까오

내 월급은 너무 적어요.

我的薪水太低了。

Wǒ de xīnshuǐ tài dī le
워 더 씬수이 타이 띠 러

A: 당신의 한 달 월급은 얼마입니까?   □ □ □
B: 내 월급은 한 달에 850원 입니다.

318

Unit
29

휴가와 휴식

Mini Talk

A: **有暑假吗?**

Yǒu shǔjià ma

여우 수찌아 마

여름휴가가 있습니까?

B: **夏天有一个星期的假期。**

Xiàtiān yǒu yígè xīngqī de jiàqī

씨아티엔 여우 이꺼 씽치 찌아치

여름에는 1주일 휴가가 있습니다.

Check Point!

중국도 주5일 근무제에 따른 주말연휴(双休日 shuāngxiūrì)와 노동절(劳动节 láodòngjié), 국경절(国庆节 guóqìngjié)에는 대개 7일간의 연휴가 있기 때문에 여행이나 문화생활 등 삶의 질을 높이는 데 관심이 높아지고 있습니다. 노동절이나 국경절 연휴도 본래는 1~3일간이지만 앞뒤의 주말연휴를 합쳐 긴 휴가를 갖는 것도 장거리 여행을 권장하기 위한 배려라고 합니다.

곧 휴가철이 되겠구나.

快到休假期了。

Kuài dào xiūjiàqī le
콰이 따오 씨우찌아치 러

이번 휴가는 며칠 쉬세요?

这次休几天假?

Zhècì xiū jǐtiān jià
쩌츠 씨우 지티엔 찌아

이번 휴가를 어떻게 보내실 겁니까?

这次休假你打算怎么过?

Zhècì xiūjià nǐ dǎsuàn zěnme guò
쩌츠 씨우찌아 니 다쑤안 전머 꿔

이번 휴가 때는 어디로 갈 생각이세요?

这次休假的时候你打算去哪儿?

Zhècì xiūjià de shíhòu nǐ dǎsuàn qù nǎr
쩌츠 씨우찌아 더 스허우 니 다쑤안 취 날

연말연시 휴가는요(설 휴가)?

春节有假期吧?

Chūnjié yǒu jiàqī ba
춘지에 여우 찌아치 바

매주 이틀 간 쉽니다.

每星期休息两天。

Měi xīngqī xiūxī liǎngtiān
메이 씽치 씨우씨 량티엔

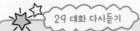
29 대화 다시듣기

A: 여름휴가가 있습니까? ☐ ☐ ☐
B: 여름에는 1주일 휴가가 있습니다.

320

Unit
30

 직장생활

사직과 퇴직

 Mini Talk

A: 辞职的理由是什么?

Cízhí de lǐyóu shì shénme

츠즈 더 리여우 쓰 션머

사직한 이유가 뭡니까?

B: 我早就不想干了。

Wǒ zǎojiù bùxiǎng gān le

워 자오찌우 뿌시앙 깐 러

벌써부터 그만두려고 했습니다.

Check Point!

직장생활을 하다가 사정이 생겨 자의든 타의든 회사를 그만두어야 할 상황이 생기게 마련입니다. 갑자기 사표를 내밀면 상사는 辞职的理由是什么(Cízhí de lǐyóu shì shénme)?라고 물을 겁니다. 만약 지금 하고 있는 일이 자신과 맞지 않는다면 我不适合做这种工作(Wǒ bú shìhé zuò zhèzhǒng gōngzuò)라고 대답하면 됩니다. 그리고 퇴직은 退休(tuìxiū)라고 합니다.

언제 퇴직하십니까?

什么时候退休?

Shénmeshíhòu tuìxiū

션머스허우 투이씨우

당신 회사는 정년이 몇 살입니까?

你们公司规定多大岁数退休?

Nǐmen gōngsī guīdìng duōdà suìshù tuìxiū

니먼 꽁쓰 꾸이띵 뚜어따 쑤이쑤 투이씨우

저는 지금 놀고 있습니다.

我现在在家歇着呢。

Wǒ xiànzài zài jiā xiēzhe ne

워 시엔짜이 짜이 찌아 씨에저 너

그가 사직서를 제출했어요.

他提交了辞职信。

Tā tíjiāo le cízhíxìn

타 티쨔오 러 츠즈씬

이 일에는 안 맞는 것 같아요.

我不适合做这种工作。

Wǒ bú shìhé zuò zhèzhǒng gōngzuò

워 부 쓰허 쭈어 쩌종 꽁쭈어

퇴직 후에는 무엇을 하실 겁니까?

退休后想做点儿什么?

Tuìxiū hòu xiǎng zuò diǎnr shénme

투이씨우 허우 시앙 쭈어 디알 션머

 30 대화 다시듣기

□ □ □

A: 사직한 이유가 뭡니까?

B: 벌써부터 그만두려고 했습니다.

322

초대와 방문

Unit
31

전화를 걸 때

Mini Talk

A: 喂, 请张先生接电话。

Wéi, qǐng Zhāng xiānsheng jiē diànhuà

웨이, 칭 짱 씨엔셩 찌에 띠엔화

여보세요, 장선생님 부탁합니다.

B: 我就是, 是李先生吗?

Wǒ jiù shì, shì Lǐ xiānsheng ma

워 찌우 쓰, 쓰 리 씨엔셩 마

전데요, 이선생님이신가요?

Check Point!

전화는 상대방의 얼굴 표정이 보이지 않으므로 말을 정확히 알아들어야 하고 자기 의사를 분명하게 밝히는 게 중요합니다. 전화를 걸 때는 먼저 자신의 이름이나 소속을 알리는 게 예의입니다. '~를 바꿔 주십시오'라고 할 때는 请~接电话(qǐng~ jiē diànhuà)라고 합니다. 전화로 '여보세요'라고 할 때에는 喂(wèi) 혹은 你好(nǐhǎo)라고 합니다.

여보세요.

喂。

Wèi

웨이

전화번호는 몇 번이죠?

你的电话号码是多少?

Nǐ de diànhuà hàomǎ shì duōshao

니 더 띠엔화 하오마 쓰 뚜어샤오

여보세요, 536 3355죠?

喂, 5363355吗?

Wéi, wǔ sān liù sān sān wǔ wǔ ma

웨이, 우 싼 리우 싼 싼 우 우 마

여보세요, 이선생님 댁인가요?

喂, 李老师家吗?

Wéi, Lǐ lǎoshī jiā ma

웨이, 리 라오쓰 찌아 마

이선생님 좀 바꿔주세요.

请李老师接电话。

Qǐng Lǐ lǎoshī jiē diànhuà

칭 리 라오쓰 찌에 띠엔화

김부장님 계십니까?

请问, 金部长在不在?

Qǐngwèn, Jīn bùzhǎng zàibúzài

칭원, 찐 뿌장 짜이부짜이

31 대화 다시듣기

A: 여보세요, 장선생님 부탁합니다.   ☐ ☐ ☐

B: 전데요, 이선생님이신가요?

Unit 32

초대와 방문

전화를 받을 때

Mini Talk

A: 对不起, 他现在不能接电话。

Duìbuqǐ, tā xiànzài bùnéng jiē diànhuà

뚜이부치, 타 씨엔차이 뿌넝 찌에 띠엔화

죄송한데 지금 전화를 받기 곤란하십니다.

B: 那转告他给我回电话, 好吗?

Nà zhuǎngào tā gěi wǒ huí diànhuà, hǎo ma

나 주앙까오 타 게이 워 후이 띠엔화,
하오 마

**그러면 제게 전화 해달라고
전해주시겠어요?**

Check Point!

전화를 받을 때도 보통 喂(wéi)라고 합니다. 회사나 근무처일 경우에는 喂, 你好(Wéi nǐhǎo) 다음에 근무처 이름을 말합니다. 상대방을 확인할 때는 你是谁(Nǐ shì shéi)?라고 하기보다 你是哪位(Nǐ shi nǎ wèi 누구십니까)?, 你是哪里的(Nǐ shì nǎli de 어디십니까)?와 같이 말하는 편이 좋습니다. 누구를 찾는지 물을 때는 你找谁(Nǐ zhǎo shéi)?라고 합니다.

325

전화 좀 받아줄래요?

帮我接接电话，好吗?

Bāng wǒ jiējie diànhuà, hǎo ma
빵 워 찌에지에 띠엔화, 하오 마

누굴 찾으세요?

你找谁?

Nǐ zhǎo shéi
니 자오 쉐이

전데요, 누구시죠?

我就是，哪一位啊?

Wǒ jiù shì, nǎ yíwèi a
워 찌우 쓰, 나 이웨이 아

어느 분을 바꿔드릴까요?

请问，换哪一位?

Qǐngwèn, huàn nǎ yíwèi
칭원, 환 나 이웨이

지금 자리에 안 계신데요.

现在不在。

Xiànzài búzài
시엔짜이 부짜이

뭐라고 전해드릴까요?

我转告他什么?

Wǒ zhuǎngào tā shénme
워 주안까오 타 션머

32 대화 다시듣기

A: 죄송한데 지금 전화를 받기 곤란하십니다.　☐ ☐ ☐

B: 그러면 제게 전화 해달라고 전해주시겠어요?

A: 今天下午怎么安排?

Jīntiān xiàwǔ zěnme ānpái

찐티엔 씨아우 전머 안파이

오늘 오후 스케줄 있어요?

B: 下午我要开会。

Xiàwǔ wǒ yào kāihuì

씨아우 워 야오 카이후이

오후에 회의가 있어요.

Check Point!

약속을 신청하는 입장에서는 먼저 상대방에게 편한 시간과 장소를 물어 불편하지 않도록 배려하는 것이 좋습니다. 상대방의 형편을 고려하지 않고 일방적으로 약속을 해서는 안 되며, 서로 착오가 일어나지 않도록 정확히 확인을 해둘 필요가 있습니다. 약속시간을 정할 때 '몇 시가 편하세요?'라고 물어보려면 你几点方便(Nǐ jǐ diǎn fāngbiàn)?이라고 합니다.

Unit 33

약속을 청할 때

Mini Talk

시간이 있으세요?

您看有时间吗?

Nín kàn yǒu shíjiān ma

닌 칸 여우 스찌엔 마

이쪽으로 좀 와주시겠어요?

您能不能到我这里来?

Nín néngbunéng dào wǒ zhèli lái

닌 넝부넝 따오 워 쩌리 라이

이번 주말에 시간 있으세요?

这个周末你有空吗?

Zhège zhōumò nǐ yǒu kòng ma

쩌거 쩌우모어 니 여우 콩 마

내일 약속 있으세요?

明天有没有约会?

Míngtiān yǒuméiyǒu yuēhuì

밍티엔 여우메이여우 위에후이

몇 시가 편하세요?

几点钟方便?

Jǐdiǎn zhōng fāngbiàn

지디엔 쫑 팡삐엔

우리 어디에서 만날까요?

我们在哪儿见面?

Wǒmen zài nǎr jiànmiàn

워먼 짜이 날 찌엔미엔

33 대화 다시듣기

A: 오늘 오후 스케줄 있어요?

B: 오후에 회의가 있어요.

328

Unit
34

초대와 방문

약속 제의에 응답할 때

Mini Talk

A: 今天下午怎么安排?

Jīntiān xiàwǔ zěnme ānpái

찐티엔 씨아우 전머 안파이

오늘 오후 스케줄 있니?

B: 对不起, 晚上我有约。

Duìbuqǐ, wǎnshang wǒ yǒu yuē

뚜이부치, 완샹 워 여우 위에

미안해. 저녁에 다른 약속 있거든.

Check Point!

약속 신청을 받아들일 때는 자신의 스케줄을 먼저 점검해보고 가능한 시간
을 말해야 하며, 부득이 거절할 때는 상대방의 기분이 상하지 않도록 이해를
시켜주어야 합니다. 상대방의 제의를 수락할 때 가장 간단한 응답은 好(hǎo)
라고 하면 됩니다. 친구와 약속한 후 '올 때까지 기다릴게'라고 약속을 확인
할 때 不见不散(bújiàn búsàn)이라고 합니다.

무슨 일로 절 만나자는 거죠?

你为什么要见我?

Nǐ wèishénme yào jiàn wǒ

니 웨이션머 야오 찌엔 워

좋아요, 시간 괜찮아요.

好，我有时间。

Hǎo, wǒ yǒu shíjiān

하오, 워 여우 스찌엔

미안해요, 제가 오늘 좀 바빠서요.

对不起，今天我有点儿忙。

Duìbuqǐ, jīntiān wǒ yǒudiǎnr máng

뚜이부치, 찐티엔 워 여우디알 망

선약이 있어서요.

我已经有约了。

Wǒ yǐjīng yǒu yuē le

워 이찡 여우 위에 러

다음으로 미루는 게 좋겠어요.

我有别的事，改天吧。

Wǒ yǒu biéde shì, gǎitiān ba

워 여우 비에더 쓰, 가이티엔 바

오늘 누가 오기로 돼 있어요.

今天我约了人。

Jīntiān wǒ yuē le rén

찐티엔 워 위에 러 런

34 대화 다시듣기

A: 오늘 오후 스케줄 있니? ☐ ☐ ☐

B: 미안해. 저녁에 다른 약속 있거든.

초대와 방문

Unit
35

약속하고 만날 때

Mini Talk

A: 很抱歉, 让你久等了。

Hěn bàoqiàn, ràng nǐ jiǔ děng le

헌 빠오치엔, 랑 니 지우 덩 러

미안합니다, 오래 기다리셨죠.

B: 你看, 已经过8点了。你怎么才来呢?

Nǐ kàn, yǐjīng guò bā diǎn le. Nǐ zěnme cái lái ne

니 칸, 이찡 꿔 빠 디엔 러.

니 전머 차이 라이 너

이봐요, 벌써 8시에요.

왜 이제 왔어요?

Check Point!

약속시간에 늦었을 때 사과의 말과 함께 我来晚了(Wǒ lái wǎn le) 또는 我
迟到了(Wǒ chí dào le)라고 말합니다. 수업시간에 늦었거나 회사에서 지
각했을 때도 쓸 수 있는 표현입니다. 차가 많이 막혔을 때는 堵得很厉害(dǔ
de hěn lìhài)라고 합니다. 厉害(lìhài)는 상대방을 칭찬할 때도 쓰이지만 어
떤 상황이 심각할 경우에도 사용할 수 있습니다.

금방 갈 테니까 잠깐만 기다려요.

请等我一下，我马上就来。

Qǐng děng wǒ yíxià, wǒ mǎshang jiù lái

칭 덩 워 이씨아, 워 마샹 찌우 라이

올 때까지 기다릴게요.

不见不散。

Bújiàn búsàn

부지엔 부싼

오래 기다리시게 했네요.

让你久等了。

Ràng nǐ jiǔ děng le

랑 니 지우 덩 러

제가 늦게 왔네요.

我来晚了。

Wǒ lái wǎn le

워 라이 완 러

왜 이제야 오세요?

你怎么才来呢?

Nǐ zěnme cái lái ne

니 전머 차이 라이 너

저는 또 다른 일이 있어서 먼저 가 볼게요.

我还有别的事，先走了。

Wǒ háiyǒu biéde shì, xiān zǒu le

워 하이여우 비에더 쓰, 시엔 저우 러

35 대화 다시듣기

A: 미안합니다, 오래 기다리셨죠.

B: 이봐요, 벌써 8시에요. 왜 이제 왔어요?

332

초대할 때

A: 明天有聚会, 请你来玩儿。

Míngtiān yǒu jùhuì, qǐng nǐ lái wánr

밍티엔 여우 쮜후이, 칭 니 라이 왈

내일 모임이 있는데 당신도 오세요.

B: 谢谢你的邀请。

Xièxie nǐ de yāoqǐng

씨에시에 니 더 야오칭

초대해주셔서 고마워요.

일단 알게 된 사람이나 친구와 한층 더 친해지기 위해서는 자신의 집이나 파티에 초대해서 대화를 나누는 것은 서로의 거리낌 없는 친분을 쌓는 데 매우 중요한 의미를 갖습니다. 중국 사람들은 우리나라와 마찬가지로 기쁜 일이 있을 때 많은 사람들이 모여 축하를 해줍니다. 우리가 흔히 쓰는 '한 턱 내다'라는 표현은 중국어로 请客(qǐngkè)라고 합니다.

함께 저녁식사를 합시다.

一起吃晚饭吧。

Yìqǐ chī wǎnfàn ba
이치 츠 완판 바

내일 저희 집에 놀러 오십시오.

明天到我家玩儿吧。

Míngtiān dào wǒ jiā wánr ba
밍티엔 따오 워 찌아 왈 바

점심을 대접하고 싶습니다.

我想请你吃午饭。

Wǒ xiǎng qǐng nǐ chī wǔfàn
워 시앙 칭 니 츠 우판

술을 대접하고 싶습니다.

我想请你喝酒。

Wǒ xiǎng qǐng nǐ hējiǔ
워 시앙 칭 니 허지우

좋습니다. 가겠습니다.

好，我愿意去。

Hǎo, wǒ yuànyì qù
하오, 워 위엔이 취

죄송합니다만, 다른 약속이 있습니다.

抱歉，我有别的约会。

Bàoqiàn, wǒ yǒu biéde yuēhuì
빠오치엔, 워 여우 비에더 위에후이

36 대화 다시듣기

□ □ □

A: 내일 모임이 있는데 당신도 오세요.

B: 초대해주셔서 고마워요.

334

Unit
37

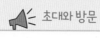

초대와 방문

방문할 때

Mini Talk

A: **我带来了小礼物, 请收下。**

Wǒ dài lái le xiǎo lǐwù, qǐng shōuxià

워 따이 라이 러 샤오 리우, 칭 셔우씨아

작은 선물을 가져왔는데 받으세요.

B: **你太客气了, 谢谢。**

Nǐ tài kèqi le, xièxie

니 타이 커치 러, 씨에시에

뭘 이런 걸 다, 고맙습니다.

Check Point!

집을 방문할 때는 家里有人吗(Jiālǐ yǒu rén ma)?라고 집안에 있는 사람을 부른 다음 집에서 사람이 나올 때까지 대문이나 현관에서 기다립니다. 주인이 나오면 谢谢你的招待(Xièxie nǐ de zhāodài)라고 초대에 대한 감사의 말을 하고, 준비한 선물을 我带来了小礼物, 请收下(Wǒ dài lái le xiǎo lǐwù, qǐng shōuxià)라고 건네며 주인의 안내에 따라 집안으로 들어서면 됩니다.

집에 아무도 안 계세요?

家里有人吗?

Jiā lǐ yǒu rén ma
찌아 리 여우 런 마

초대해주셔서 감사합니다.

谢谢你的招待。

Xièxie nǐ de zhāodài
시세시에 니 더 짜오따이

제가 너무 일찍 왔나 봐요.

我来得太早了吧。

Wǒ lái de tài zǎo le ba
워 라이 더 타이 자오 러 바

죄송합니다. 조금 늦었습니다.

对不起, 我来晚了。

Duìbuqǐ, wǒ lái wǎn le
뚜이부치, 워 라이 완 러

조그만 선물을 가져왔습니다, 받아 주십시오.

我带来了小·礼物, 请收下。

Wǒ dài lái le xiǎo lǐwù, qǐng shōuxià
워 따이 라이 러 샤오 리우, 칭 쎠우씨아

이건 제 작은 성의니, 받아주십시오.

这是我小·小·的心意, 请你收下吧。

Zhè shì wǒ xiǎoxiao de xīnyì, qǐng nǐ shōuxià ba
쩌 쓰 워 샤오샤오 더 씬이, 칭 니 쎠우씨아 바

37 대화 다시듣기

A: 작은 선물을 가져왔는데 받으세요.
B: 뭘 이런 걸 다, 고맙습니다.

Unit 38

방문객을 맞이할 때

Mini Talk

A: 快请进, 欢迎你!

Kuài qǐng jìn, huānyíng nǐ

콰이 칭 찐, 환잉 니

어서 들어오세요. 환영합니다!

B: 谢谢!

Xièxie

씨에시에

감사합니다.

Check Point!

누군가를 환영할 때는 欢迎(huānyíng)이라고 하는데 欢迎, 欢迎처럼 반복해서 말하기도 합니다. 음식점이나 영업장소에 가면 직원들이 고객을 맞이할 때 欢迎光临(huānyíng guānglín)이라고 말하는데 내 집을 방문한 손님께도 쓸 수 있습니다. 안으로 들어온 손님께는 请坐(qǐng zuò)라고 자리를 권하고 请喝茶(qǐng hē chá)라고 말하면서 차를 권합니다.

337

어서 오세요.

欢迎，欢迎。

Huānyíng, haūnyíng
환잉, 환잉

와 주셔서 감사합니다.

欢迎光临。

Huānyíng guānglín
환잉 꽝린

들어오세요.

快请进。

Kuài qǐng jìn
콰이 칭 찐

이쪽으로 오시죠.

请这边来。

Qǐng zhèbiān lái
칭 쩌삐엔 라이

편히 하세요.

随便一点。

Suíbiàn yìdiǎn
쑤이삐엔 이디엔

오시느라 고생하셨어요.

路上辛苦了。

Lùshàng xīnkǔ le
루샹 씬쿠 러

 38 대화 다시듣기

A: 어서 들어오세요. 환영합니다!　□ □ □
B: 감사합니다.

338

 초대와 방문

Unit 39

방문객을 대접할 때

Mini Talk

A: 你们谈, 我做饭去。

Nǐmen tán, wǒ zuò fàn qù

니먼 탄, 워 쭈어 판 취

말씀 나누세요, 저는 식사 준비할게요.

B: 真不好意思, 给您添麻烦了。

Zhēn bùhǎoyìsi, gěi nín tiān máfan le

쩐 뿌하오이쓰, 게이 닌 티엔 마판 러

**정말 죄송하네요,
번거롭게 해드려서요.**

Check Point!

중국인의 집을 방문하면 보통 먼저 차를 마시며 이야기를 나눈 후 식사를 하게 됩니다. 우리와 달리 집안일을 남편과 아내가 함께 나누어 하는 문화가 보편적이어서 남편이나 아버지가 직접 앞치마를 두르고 음식을 준비하곤 합니다. 식사를 하기 전에 간단하게 술을 마시기도 하는데 술을 마시지 못할 경우 대신 음료수를 마시면 됩니다.

차 좀 드세요.

请喝茶。

Qǐng hēchá
칭 허차

뭘 좀 드실래요?

您要喝点儿什么?

Nín yào hē diǎnr shénme
닌 야오 허 디알 션머

녹차 한 잔 하시겠어요?

要不要来一杯绿茶?

Yàobuyào lái yìbēi lǜchá
야오부야오 라이 이뻬이 뤼차

마음껏 드세요.

多吃一点儿啊。

Duō chī yìdiǎnr a
뚜어 츠 이디알 아

사양하지 마시고, 집처럼 편하게 계세요.

你别客气，像在家一样。

Nǐ bié kèqi, xiàng zài jiā yíyàng
니 비에 커치, 시앙 짜이 찌아 이양

자, 사양하지 마세요.

来，请不要客气。

Lái, qǐng búyào kèqi
라이, 칭 부야오 커치

39 대화 다시듣기

A: 말씀 나누세요, 저는 식사 준비할게요. ☐ ☐ ☐
B: 정말 죄송하네요. 번거롭게 해드려서요.

340

초대와 방문

방문을 마칠 때

Mini Talk

A: 时间不早了,我该回去了。

Shíjiān bù zǎo le, wǒ gāi huíqù le

스찌엔 뿌 자오 러, 워 까이 후이취 러

시간이 늦었는데 이만 가보겠습니다.

B: 如果你有空儿,欢迎再来。再见。

Rúgǒu nǐ yǒu kòngr, huānyíng zài lái. zàijiàn

루거우 니 여우 콜, 환잉 짜이 라이.

짜이찌엔

시간 있으면 다시 오세요.

안녕히 가세요.

Check Point!

모임에서 먼저 자리를 떠나거나 방문을 마치고 돌아갈 때 我该走了(Wǒ gāi zǒu le) 또는 我该回去了(Wǒ gāi huíqù le)라고 인사합니다. 告辞(gàocí)라고 하면 '작별을 고하다'는 뜻입니다. 주인이 배웅을 나왔을 경우 '들어가세요'라고 만류할 때는 请回去吧(Qǐng huíqù ba) 또는 请留步(Qǐng liúbù)라고 합니다. 마지막으로 떠날 때는 초대에 대한 감사의 말도 잊지 않도록 합시다.

집에 가야겠어요.

我该回家了。

Wǒ gāi huíjiā le
워 까이 후이찌아 러

대접 잘 받았습니다.

谢谢你的盛情款待。

Xièxǐ nǐ de shèngqíng kuǎndài
씨에시에 니 더 썽칭 콴따이

너무 늦었어요. 이만 가볼게요.

时间不早了，我得回家了。

Shíjiān bù zǎo le, wǒ děi huíjiāle
스찌엔 뿌 자오 러, 워 데이 후이찌아 러

지금 가신다고요?

你这就要走?

Nǐ zhè jiù yào zǒu
니 쩌 찌우 야오 저우

좀 더 계시다 가세요.

急什么呀，再坐一会儿吧。

Jí shénme ya, zài zuò yíhuìr ba
지 션머 야, 짜이 쭈어 이후알 바

살펴 가세요. 시간이 있으면 또 놀러 오세요.

你慢走，有时间再来玩儿啊。

Nǐ màn zǒu, yǒu shíjiān zài lái wánr a
니 만 저우, 여우 스찌엔 짜이 라이 왈 아

 40 대화 다시듣기

A: 시간이 늦었는데 이만 가보겠습니다.

B: 시간 있으면 다시 오세요. 안녕히 가세요.

공공장소

Unit 41

은행에서

Mini Talk

A: 我想把美元换成人民币。

Wǒ xiǎng bǎ měiyuán huànchéng rénmínbì

워 시앙 바 메이위엔 환청 런민삐

달러를 위안화로 환전하고 싶습니다.

B: 您要换多少?

Nín yào huàn duōshao

닌 야오 환 뚜어샤오

얼마나 바꾸시려고요?

Check Point!

중국의 은행은 중앙은행인 인민은행과 상업은행, 외자은행 등 종류가 다양
합니다. 중국인은 물론 외국인도 은행에 계좌를 개설할 수 있으며 현금카드
도 발급 받을 수 있습니다. 또한 곳곳마다 24시간 자동출금기 自动提款机
(zìdòng tíkuǎnjī)가 설치되어 있어 편리하게 출금을 할 수 있습니다. 중국은
화폐단위가 元(yuán)이며, '환전'은 换钱(huànqián)이라고 합니다.

저기요, 근처에 은행 있어요?

请问, 附近有银行吗?

Qǐngwèn, fùjìn yǒu yínháng ma

칭원, 푸찐 여우 인항 마

이 근처에 현금자동인출기 있어요?

这附近有没有自动取款机?

Zhè fùjìn yǒuméiyǒu zìdòng tíkuǎnjī

쩌 푸찐 여우메이여우 쯔똥 티콴찌

여기서 환전할 수 있나요?

这里可以换钱吗?

Zhèli kěyǐ huànqián ma

쩌리 커이 환치엔 마

한국돈을 중국돈으로 바꾸고 싶은데요.

我想把韩币换成人民币。

Wǒ xiǎng bǎ hánbì huànchéng rénmínbì

워 시앙 바 한삐 환청 런민삐

계좌를 만들고 싶은데요.

我要开户头。

Wǒ yào kāi hùtóu

워 야오 카이 후터우

잔돈으로 바꾸고 싶은데요.

我要换零钱。

Wǒ yào huàn língqián

워 야오 환 링치엔

41 대화 다시듣기

A: 달러를 위안화로 환전하고 싶습니다. ☐ ☐ ☐

B: 얼마나 바꾸시려고요?

Unit 42

 공공장소

우체국에서

 Mini Talk

A: 你要寄什么信?

Nǐ yào jì shénme xìn

니 야오 찌 션머 씬

어떤 편지를 부치시겠습니까?

B: 我要寄航空信, 几天能到韩国?

Wǒ yào jì hángkōngxìn, jǐtiān néng dào Hánguó

워 야오 찌 항콩씬, 지티엔 넝 따오 한궈

항공우편으로 부탁합니다.
한국까지 며칠 걸립니까?

 Check Point!

중국 우체국에서는 원래 서신거래, 소포발송, 전신 전보, 우표 판매 등의 업무를 취급하였는데, 최근에 전화와 핸드폰이 급증하면서 전화국이 새로 생겨 전신 전보 업무는 취급하지 않습니다. 그 대신 예의우편(礼仪邮件 lǐyí yóujiàn)이라는 업무를 신설하여 외지에 있는 친척이나 친구에게 꽃다발이나 생일케이크를 보낼 수 있게 되었습니다.

우체통은 어디에 있죠?

请问，信箱在哪儿?

Qǐngwèn, xìnxiāng zài nǎr
칭원, 씬씨앙 짜이 날

우표는 어디서 사죠?

邮票在哪儿买?

Yóupiào zài nǎr mǎi
여우퍄오 짜이 날 마이

이 편지를 부치고 싶은데요.

我要寄这封信。

Wǒ yào jì zhè fēngxìn
워 야오 찌 쩌 펑씬

어떤 편지를 부치시게요?

你要寄什么信?

Nǐ yào jì shénme xìn
니 야오 찌 션머 씬

소포를 부치고 싶은데요.

我要寄包裹。

Wǒ yào jì bāoguǒ
워 야오 찌 빠오궈

소포를 찾으러 왔는데요.

我要取包裹。

Wǒ yào qǔ bāoguǒ
워 야오 취 빠오궈

A: 어떤 편지를 부치시겠습니까? ☐ ☐ ☐
B: 항공우편으로 부탁합니다. 한국까지 며칠 걸립니까?

Unit
43

공공장소

이발소에서

Mini Talk

A: 头发怎么剪?

Tóufà zěnme jiǎn

터우파 전머 지엔

머리를 어떻게 깎아 드릴까요?

B: 修剪一下就行了。

Xiūjiǎn yíxià jiù xíng le

씨우지엔 이씨아 찌우 싱 러

다듬어주세요.

Check Point!

이발소는 理发店(lǐfàdiàn)이라고 합니다. 최근에는 한국처럼 남녀 모두 미용실을 이용하는 추세라서 특별하게 이발소를 고집하는 분들이 점점 줄어들고 있습니다. '머리를 자르다'는 표현은 理发(lǐfà) 또는 剪发(jiǎnfà)라고 하며, 머리를 다듬는 것 말고 머리를 감고 말려주는 洗头(xǐtóu) 또는 면도 刮脸(guāliǎn)를 받기도 합니다.

이발 좀 해 주세요.

我要理发。

Wǒ yào lǐfà

워 야오 리파

어떤 모양으로 깎을까요?

理什么发型?

Lǐ shénme fàxíng

리 션머 파싱

본래 스타일로 깎아 주세요.

请照原来的样子理。

Qǐng zhào yuánlái de yàngzi lǐ

칭 짜오 위엔라이 더 양즈 리

이런 모양으로 깎아 주세요.

给我理成这个样子。

Gěi wǒ lǐchéng zhège yàngzi

게이 워 리청 쩌거 양즈

너무 많이 자르지 마세요.

别剪得太多。

Bié jiǎn de tài duō

비에 지엔 더 타이 뚜어

면도를 해 주세요.

请刮脸。

Qǐng guā liǎn

칭 꽈 리엔

43 대화 다시듣기

A: 머리를 어떻게 깎아 드릴까요? □ □ □

B: 다듬어주세요.

Unit 44

 공공장소

미용실에서

Mini Talk

A: 欢迎光临, 剪发还是烫发?

Huānyíng guānglín, jiǎnfà háishì tàngfà

환잉 꽝린, 지엔파 하이쓰 탕파

어서 오세요. 커트하시겠어요, 파마하시겠어요?

B: 我只要洗头。

Wǒ zhǐyào xǐtóu měiróng

워 즈야오 시터우

샴푸만 해주세요.

Check Point!

여성들이 이용하는 미용실은 美发店(měifàdiàn), 美容厅(měiróngtīng)이라고 합니다. 美发师(měifàshī 헤어디자이너)에게 원하는 스타일을 설명하기 힘들 때는 发型书(fàxíngshū 헤어스타일북)에서 고르거나 사진을 갖고 가서 보여주면 됩니다. 烫发(tàngfà 파마)나 剪发 (jiǎnfà 커트), 染发(rǎnfà 염색) 외에도 洗头(xǐtóu 샴푸)만 하는 경우도 많습니다.

헤어스타일은 어떻게 할까요?

您要什么样的发型？

Nín yào shénmeyàng de fàxíng

닌 야오 션머양 더 파싱

머리만 감겨 주세요.

我只要洗头。

Wǒ zhǐyào xǐtóu

워 즈야오 시터우

파마해 주세요.

请给我烫发。

Qǐng gěi wǒ tàngfà

칭 게이 워 탕파

세트해 주세요.

我要做头发。

Wǒ yào zuò tóufa

워 야오 쭈어 터우파

이 헤어스타일이 유행이에요.

这种发型很流行。

Zhèzhǒng fàxíng hěn liúxíng

쩌종 파싱 헌 리우싱

헤어스타일을 바꾸고 싶어요.

我想换个发型。

wǒ xiǎng huàn ge fàxíng

워 시앙 환 거 파싱

 44 대화 다시듣기

A: 어서 오세요. 커트하시겠어요, 파마하시겠어요?　□ □ □

B: 샴푸만 해주세요.

350

공공장소

세탁소에서

Mini Talk

A: 我想把这条裙子剪短。

Wǒ xiǎng bǎ zhè tiáo qúnzi jiǎn duǎn

워 시앙 바 쩌 탸오 췬즈 지엔 두안

이 스커트를 줄이고 싶은데요.

B: 您要剪多少?

Nín yào jiǎn duōshao

닌 야오 지엔 뚜어샤오

어느 정도 줄일까요?

Check Point!

중국의 거리를 지나다 보면 干洗(gānxǐ)라고 써 있는 것을 볼 수 있는데 이는 '드라이클리닝'을 말합니다. 실크(丝绸 sīchóu) 제품이나 다운(羽绒 yǔróng) 제품 등 집에서 세탁하기 어려운 카펫 등 일부 값비싸거나 아끼는 의류라면 영세점의 경우는 기술상의 문제가 있을 수 있으므로 반드시 전문 세탁소에 맡겨야 품질을 오래 유지할 수 있습니다.

이 양복을 세탁 좀 해 주세요.

请洗一洗这件西装。

Qǐng xǐyīxǐ zhè jiàn xīzhuāng
칭 시이시 쩌 찌엔 씨쭈앙

드라이클리닝 좀 하고 싶은데요.

我想干洗几件衣服。

Wǒ xiǎng gānxǐ jǐjiàn yīfu
워 시앙 깐시 지찌엔 이푸

드라이클리닝은 얼마죠?

干洗一件要多少钱?

Gānxǐ yíjiàn yào duōshao qián
깐시 이찌엔 야오 뚜어샤오 치엔

언제 옷을 찾아가면 될까요?

我什么时候可以取衣服?

Wǒ shénmeshíhou kěyǐ qǔ yīfu
워 션머스허우 커이 취 이푸

이 셔츠에 있는 얼룩을 제거할 수 있을까요?

能除掉这件衬衫的污痕吗?

Néng chúdiào zhè jiàn chènshān de wūhén ma
넝 추따오 쩌 찌엔 천쌴 더 우헌 마

이 셔츠 좀 다려 주세요.

请把这件衬衫熨一下。

Qǐng bǎ zhè jiàn chènshān yùn yíxià
칭 바 쩌 찌엔 천쌴 윈 이씨아

45 대화 다시듣기

A: 이 스커트를 줄이고 싶은데요.
B: 어느 정도 줄일까요?

학습일 / □

Unit 46

공공장소

부동산에서

Mini Talk

A: 你好，需要我帮你做点什么？

Nǐhǎo, xūyào wǒ bāng nǐ zuò diǎn shénme

니하오, 쉬야오 워 빵 니 쭈어 디엔 션머

안녕하세요. 무얼 도와드릴까요?

B: 我找有两个卧室的公寓。

Wǒ zhǎo yǒu liǎnggè wòshì de gōngyù

워 자오 여우 량꺼 워쓰 더 꽁위

**침실이 두 개인 아파트를
찾고 있습니다.**

Check Point!

중국에서 방을 구하는 가장 안전한 방법은 부동산을 찾아가는 것입니다. 비록
처음엔 중계비가 있지만 사기당하는 것보다 낫습니다. 중계비용은 대략 입주
할 집의 한 달 월세입니다. 전세가 없고 모두 월세로 보통 1년을 계약하고 付
三押一, 즉 3달 월세에 한 달 보증금을 내고 입주합니다. 그리고 집을 구하면
24시간 이내에 관할 파출소에 가서 주숙등기를 해야 합니다.

353

아파트 좀 보여 주시겠어요?

能让我们看看公寓吗?

Néng ràng wǒmen kànkan gōngyù ma

넝 랑 워먼 칸칸 꽁위 마

어떤 지역에 살고 싶으세요?

想在哪个区域居住?

Xiǎng zài nǎge qūyù jūzhù

시앙 짜이 나거 취위 쮜쭈

교통은 어떤가요?

交通怎么样?

Jiāotōng zěnmeyàng

쨔오통 전머양

이 아파트는 방이 몇 개죠?

这套公寓有几个房间?

Zhè tào gōngyù yǒu jǐgè fángjiān

쩌 타오 꽁위 여우 지꺼 팡찌엔

집세는 얼마나 되죠?

房费是多少?

Fángfèi shì duōshǎo

팡페이 쓰 뚜어샤오

언제 입주할 수 있을까요?

什么时候可以入住?

Shénmeshíhòu kěyǐ rùzhù

션머스허우 커이 루쭈

46 대화 다시듣기

A: 안녕하세요. 무얼 도와드릴까요?

B: 침실이 두 개인 아파트를 찾고 있습니다.

354

Unit 47

공공장소

관공서에서

Mini Talk

A: 您有什么事吗?

Nín yǒu shénme shì ma

닌 여우 션머 쓰 마

무슨 일이십니까?

B: 我想问一下有关外国人注册的事。

Wǒ xiǎng wèn yíxià yǒuguān wàiguórén zhùcè de shì

워 시앙 원 이씨아 여우꽌

와이궈런 쭈처 더 쓰

**외국인 등록에 관한 것을
묻고 싶은데요.**

Check Point!

중국의 관공서는 매우 권위적입니다. 시내의 요지는 관공서 아니면 군부대의
많은 건물이 버티고 있습니다. 공상당 그리고 군대가 권력이고 힘이기 때문입
니다. 그러한 관공서가 요즘에는 편의점과 은행, 인터넷 검색 등을 할 수 있습
니다. 즉, 군림하는 정부에서 복무하는 정부로 탈바꿈하고 있습니다. 그 이면
에는 변화에 대한 중국 정부의 굳건한 결심을 엿볼 수 있습니다.

담당 부서를 알려 주시겠습니까?

能告诉我负责部门吗?

Néng gàosù wǒ fùzé bùmén ma

넝 까오쑤 워 푸저 뿌먼 마

이 일은 어느 분이 담당하십니까?

这业务由哪位负责?

Zhè yèwù yóu nǎwèi fùzé

쩌 예우 여우 나웨이 푸저

문서로 작성하셔야 합니다.

这得形成文书。

Zhè děi xíngchéng wénshū

쩌 데이 씽청 원쑤

우선 신청부터 하셔야 합니다.

你先得申请一下。

Nǐ xiān děi shēnqǐng yíxià

니 씨엔 데이 썬칭 이씨아

번호를 받으시고 자리에 앉아서 기다리세요.

先领取号码, 到座位等着吧。

Xiān lǐngqǔ hàomǎ, dào zuòwèi děngzhe ba

시엔 링취 하오마, 따오 쭈어웨이 덩저 바

여기에 서명하시고 날짜를 쓰세요.

在这儿署名, 再写上日期。

Zài zhèr shǔmíng, zài xiěshàng rìqī

짜이 쩔 수밍, 짜이 시에샹 르치

47 대화 다시듣기

A: 무슨 일이십니까?　　　　　□ □ □

B: 외국인 등록에 관한 것을 묻고 싶은데요.

356

Unit 48

경찰서에서

Mini Talk

A: 请帮我报警。
Qǐng bāng wǒ bàojǐng
칭 빵 워 빠오징

경찰에 신고해주세요.

B: 你怎么样?
Nǐ zěnmeyàng
니 전머양

당신은 어떻습니까?

Check Point!

중국 공안은 국무원 직속기관으로 통상적인 형사경찰, 교통경찰, 마약단속 등과 더불어 호적관리나 외국인주거등록, 소방 및 형무소관리, 그리고 비교적 경미한 민사사건의 중재 등도 담당합니다. 중국 생활 중에 외국인이 중국의 공안과 관계되는 부분으로는 우선 외국인 등록을 들 수 있습니다. 중국에 거주하는 외국인은 외국인 등록을 한 뒤 공안국에서 다시 등록해야 합니다.

경찰에 신고해야 합니다.

需要报警。

Xūyào bàojǐng

쉬야오 빠오징

경찰서는 어디에 있습니까?

警察局在哪儿?

Jǐngchájú zài nǎr

징차쥐 짜이 날

경찰에 신고해 주시겠어요?

能帮我报警吗?

Néng bāng wǒ bàojǐng ma

넝 빵 워 빠오징 마

경찰에 도난신고를 하고 싶은데요.

想向警察局提出被盗申请。

Xiǎng xiàng jǐngchájú tíchū bèidào shēnqǐng

시앙 시앙 징차쥐 티추 뻬이따오 쎤칭

누구에게 알려야 하죠?

要跟谁说?

Yào gēn shéi shuō

야오 껀 쉐이 쑤어

그 사람의 얼굴은 봤나요?

看到他的脸了吗?

Kàndào tā de liǎn le ma

칸따오 타 더 리엔 러 마

48 대화 다시듣기

A: 경찰에 신고해주세요.

B: 당신은 어떻습니까?

☐ ☐ ☐

358

Unit
49

공공장소

미술관·박물관에서

Mini Talk

A: 经常去博物馆吗?

Jīngcháng qù bówùguǎn ma

찡창 취 보어우관 마

박물관에 자주 가세요?

B: 是的，我有时去博物馆。

Shì de, wǒ yǒushí qù bówùguǎn

쓰 더, 워 여우스 취 보어우관

네, 박물관에 가끔 갑니다.

Check Point!

중국 박물관은 중국의 문물과 표본을 수장한 곳으로, 그 중 가장 대표적인 박물관으로 고대 역사유물이나 진귀한 보물을 수장하고 있는 고궁박물원(故宫博物院), 상하이박물관(上海博物馆), 산시역사박물관(陕西历史博物馆)이 있고, 역사적 발자취를 다룬 중국국가박물관(中国国家博物馆), 싼싱두이박물관(三星堆博物馆), 후난성박물관(湖南省博物馆) 등을 들 수 있습니다.

미술전시회에 가시겠습니까?

你去不去画展?

Nǐ qùbúqù huàzhǎn

니 취부취 화잔

박물관에는 어떻게 가면 됩니까?

博物馆怎么去?

Bówùguǎn zěnme qù

보어우관 전머 취

그 박물관은 오늘 엽니까?

那个博物馆今天开吗?

Nàge bówùguǎn jīntiān kāi ma

나거 보어우관 찐티엔 카이 마

재입관할 수 있습니까?

可以再入内吗?

Kěyǐ zài rù nèi ma

커이 짜이 루 네이 마

관내를 안내할 가이드는 있습니까?

有介绍馆内的解说员吗?

Yǒu jièshào guǎnnèi de jiěshuōyuán ma

여우 찌에샤오 관네이 더 지에쑤어위엔 마

이 작품은 어느 시대의 것입니까?

这个作品是哪个时代的?

Zhège zuòpǐn shì nǎge shídài de

쩌거 쭈어핀 쓰 나거 스따이 더

49 대화 다시듣기

A: 박물관에 자주 가세요?

B: 네, 박물관에 가끔 갑니다.

□ □ □

공공장소

관혼상제

Mini Talk

A: 快过春节了。

Kuài guò chūnjié le

콰이 꿔 춘지에 러

곧 설입니다.

B: 是啊! 给您拜个早年。

Shì a! Gěi nín bài gè zǎonián

쓰 아! 게이 닌 빠이 꺼 자오니엔

그렇군요. 새해 복 많이 받으십시오.

Check Point!

중국의 대표적인 전통 명절로는 春节(chūnjié), 端午节(duānwǔjié), 中秋节(zhōngqiūjié) 등이 있으며, 음력 1월 1일인 春节나 음력 5월 5일인 端午节처럼 홀수가 중복되는 날이 많습니다. 또한 중국의 대표적인 현대 기념일로는 劳动节(Láodòngjié), 建军节(Jiànjūnjié), 国庆节(guóqìngjié) 등은 특히 공산당의 정치적 역정과 관련이 많습니다.

또 승진하셨네요. 축하합니다.

恭喜您又提升了。

Gōngxǐ nín yòu tíshēng le
꽁시 닌 여우 티셩 러

당신 일로 저도 기쁩니다.

真替你高兴。

Zhēn tì nǐ gāoxìng
쩐 티 니 까오씽

성공을 빕니다.

祝你成功。

Zhù nǐ chénggōng
쭈 니 청꽁

결혼을 축하드립니다.

祝你们新婚快乐!

Zhù nǐmen xīnhūn kuàilè
쭈 니먼 씬훈 콰이러

새해 복 많이 받으세요!

祝您过个好年。

Zhù nín guò gè hǎo nián
쭈 닌 꿔 꺼 하오 니엔

어디서 장례식을 합니까?

在哪儿开追悼会?

zài nǎr kāi zhuīdàohuì
짜이 날 카이 쭈이따오후이

A: 곧 설입니다.

B: 그렇군요. 새해 복 많이 받으십시오.

병원

Unit
51

병원에서

 Mini Talk

A: 你好, 我想挂门诊。

Nǐ hǎo, wǒ xiǎng guà ménzhěn

니 하오, 워 시앙 꽈 먼전

안녕하세요, 접수하고 싶은데요.

B: 请出示门诊病历手册和就诊卡。

Qǐng chūshì ménzhěn bìnglì shǒucè hé jiùzhěnkǎ

칭 추쓰 먼전 삥리 셔우처 허 찌우전카

진료수첩과 진료카드를 보여주세요.

 Check Point!

중국 병원에서 진찰을 받으려면 우선 접수(挂号 guàhào)를 해야 합니다. 挂号处(guàhàochù)라고 써진 창구에서 자신이 받고 싶은 진료과목 등을 말하면 됩니다. 특정 의사에게 진료받기를 원한다면 접수할 때 미리 말해야 합니다. 접수처에서 진료수첩(门诊病历手册)을 파는데 중국에서는 의사가 진료한 내용과 처방을 진료수첩에 기록을 해줍니다.

이 근처에 병원이 있나요?

这附近有没有医院?

Zhè fùjìn yǒuméiyǒu yīyuàn

쩌 푸찐 여우메이여우 이위엔

진찰을 받고 싶은데요.

我想看病。

Wǒ xiǎng kànbìng

워 시앙 칸삥

접수처가 어디죠?

挂号处在哪儿?

Guàhàochù zài nǎr

꽈하오추 짜이 날

안녕하세요, 접수하고 싶은데요.

你好，我想挂门诊。

Nǐ hǎo, wǒ xiǎng guà ménzhěn

니 하오, 워 시앙 꽈 먼전

어떤 과에서 진찰받고 싶으세요?

你要看哪一科?

Nǐ yào kàn nǎ yìkē

니 야오 칸 나 이커

어디서 약을 받나요?

在哪儿取药?

Zài nǎr qǔ yào

짜이 날 취 야오

51 대화 다시듣기

A: 안녕하세요, 접수하고 싶은데요.　　□ □ □
B: 진료수첩과 진료카드를 보여주세요.

병원

Unit
52

증상을 물을 때

Mini Talk

A: 怎么了? 你哪儿不舒服?

Zěnme le? Nǐ nǎr bù shūfu

전머 러? 니 날 뿌 쑤푸

어떠세요? 어디가 불편하시죠?

B: 我从昨天晚上开始头痛, 发烧。

Wǒ cóng zuótiān wǎnshang kāishǐ tóuténg, fāshāo

워 총 주어티엔 완샹 카이스 터우텅, 파쌰오

**어제 저녁부터 머리가 아프고
열이 나요.**

Check Point!

일반적으로 아픈 곳을 물어볼 때 你哪儿不舒服(Nǐ nǎr bù shūfu)?라고 합니다. 이 표현은 병원에서 의사가 환자를 진찰할 때 묻기도 하고 평소 안색이 안 좋거나 불편해보일 때 물어보는 말로도 씁니다. 접수처에서 증세를 말하고 어떤 과로 가야 하는지 판단하기 때문에 당황하지 않으려면 중국어로 된 표현을 미리 준비하는 편이 좋습니다.

학습일 /

365

어디가 아프세요?

你哪儿不舒服?

Nǐ nǎr bù shūfu
니 날 뿌 쑤푸

어떻게 안 좋으세요?

怎么不舒服?

Zěnme bù shūfu
전머 뿌 쑤푸

열은 나세요?

发烧吗?

Fāshāo ma
파쌰오 마

기침은 하세요?

咳嗽吗?

Késou ma
커써우 마

소화는 어떠세요?

消化怎么样?

Xiāohuà zěnmeyàng
쌰오화 전머양

불편한지 얼마나 됐죠?

不舒服有多久了?

Bù shūfu yǒu duōjiǔ le
뿌 쑤푸 여우 뚜어지우 러

52 대화 다시듣기

□ □ □

A: 어떠세요? 어디가 불편하시죠?

B: 어제 저녁부터 머리가 아프고 열이 나요.

병원

증상을 말할 때

Mini Talk

A: 我喉咙痛, 流鼻涕, 头疼。

Wǒ hóulóng tòng, liú bíti, tóuténg

워 허우롱 퉁, 리우 비티, 터우텅

목이 아프고 콧물도 흐르고 머리가 아파요.

B: 你这个样子多久了?

Nǐ zhège yàngzi duōjiǔ le

니 쩌거 양즈 뚜어지우 러

이런 증상이 얼마나 됐죠?

Check Point!

중국의 병원은 중의원(中医院 zhōngyīyuàn)과 서양식병원(西医院 xīyīyuàn)이 있고 이 두 가지를 겸하는 병원 中西医结合医院(zhōngxīyī jiéhé yīyuàn)도 있습니다. 中医学에 가면 증세를 설명하고 진맥(诊脉 zhěnmài)을 합니다. 증상을 설명할 때 어느 부위가 아프거나 안 좋을 때 不舒服(bù shūfu), 疼(téng) 또는 难受(nánshòu)라고 말합니다.

현기증이 좀 나요.

我有点儿头晕。

Wǒ yǒu diǎnr tóuyūn
워 여우 디알 터우윈

무엇 때문인지 머리가 약간 어지러워요.

不知怎么的头有点儿发昏。

Bùzhī zěnme de tóu yǒu diǎnr fāhūn
뿌쯔 전머 더 터우 여우 디알 파훈

머리가 아프고, 좀 어지러워요.

头疼，还有点儿晕。

Tóuténg, hái yǒu diǎnr yūn
터우텅, 하이 여우 디알 윈

목이 아프고 콧물이 흐르고 머리가 아파요.

我喉咙痛，流鼻涕，头疼。

Wǒ hóulóng tòng, liú bítì, tóuténg
워 허우룽 퉁, 리우 비티, 터우텅

요 며칠 배가 아프고 설사도 했어요.

这几天肚子疼，还拉肚子。

Zhè jǐtiān dùziténg, hái lādùzi
쩌 지티엔 뚜즈텅, 하이 라뚜즈

눈이 충혈되고 굉장히 가려워요.

眼睛发红，特别痒。

Yǎnjing fāhóng, tèbié yǎng
이엔징 파훙, 터비에 양

53 대화 다시듣기

A: 목이 아프고 콧물도 흐르고 머리가 아파요. ☐ ☐ ☐
B: 이런 증상이 얼마나 됐죠?

Unit 54

병원

검진을 받을 때

Mini Talk

A: 你去医院检查了吗?

Nǐ qù yīyuàn jiǎnchá le ma

니 취 이위엔 지엔차 러 마

병원에 가서 검사해봤어요?

B: 去过了。

Qù guò le

취 꿔 러

갔었습니다.

Check Point!

접수를 하고 진료실에서 진찰을 받고난 후 추가로 검사할 사항이 있으면 먼저 수납을 하고 해당 검사실에 가서 검사를 받습니다. 수납처는 收费处 (shōufèichù)라고 하고 '검사하다' 또는 '검사받다'라는 표현은 做检查(zuò jiǎnchá)라고 합니다. 건강검진은 身体检查(shēntǐ jiǎnchá)라고 하며 신장과 체중부터 CT검사까지 검사유형이 구분되어 있습니다.

369

병원에 가서 검사해 봤어요?

去医院检查了吗?

Qù yīyuàn jiǎnchá le ma

취 이위엔 지엔차 러 마

금년에 건강검진을 받아본 적이 있어요?

今年你做过身体检查吗?

Jīnnián nǐ zuòguò shēntǐ jiǎnchá ma

찐니엔 니 쭈어꿔 션티 지엔차 마

한번 건강검진을 받아보세요.

我建议你检查一下身体。

Wǒ jiànyì nǐ jiǎnchá yíxià shēntǐ

워 찌엔이 니 지엔차 이씨아 션티

어떤 항목을 검사하죠?

检查什么项目?

Jiǎnchá shénme xiàngmù

지엔차 션머 시앙무

언제 결과가 나오죠?

什么时候出结果呢?

Shénmeshíhou chū jiéguǒ ne

션머스허우 추 지에궈 너

검사 결과는 어때요?

检查结果怎么样?

Jiǎnchá jiéguǒ zěnmeyàng

지엔차 지에궈 전머양

54 대화 다시듣기

A: 병원에 가서 검사해봤어요?

B: 갔었습니다.

370

병원

이비인후과에서

Mini Talk

A: **擤鼻涕就出血。**

Xǐng bítì jiù chūxiě

싱 비티 찌우 추시에

코를 풀면 피가 납니다.

B: **擤鼻涕要轻点。**

Xǐng bítì yào qīng diǎn

싱 비티 야오 칭 디엔

코를 살살 푸세요.

Check Point!

중국의 耳鼻喉科(ěrbíhóukē)도 우리나라 이비인후과와 마찬가지로 귀, 코, 목에 관련된 질환을 치료하는 곳입니다. 귀가 아프거나 코나 목이 아플 때는 가까운 곳에 있는 이비인후과에서 진료를 받을 수 있으며, 심할 경우에는 종합병원에서 정밀 진단 후 치료를 받을 수 있습니다. 물론 감기가 들었을 때도 진료를 받을 수 있습니다.

잘 안 들려요.

听不清楚。

Tīng bù qīngchǔ

팅 뿌 칭추

귀에 뭔가 들어갔어요.

耳朵进了异物。

Ěrduo jìn le yìwù

얼두어 찐 러 이우

코가 막혔어요.

鼻塞了。

Bísāi le

비싸이 러

콧물이 나와요.

流鼻涕。

Liú bítì

리우 비티

기침이 나고 목도 아파요.

咳嗽，咽喉痛。

Késou, yānhóu tòng

커써우, 이엔허우 통

목이 부었어요.

咽喉红肿。

Yānhóu hóngzhǒng

이엔허우 홍종

55 대화 다시듣기

A: 코를 풀면 피가 납니다.

B: 코를 살살 푸세요.

372

Unit
56

📢 병원

안과에서

💬💬 **Mini Talk**

A: 你的视力是多少?
Nǐ de shìlì shì duōshǎo
니 더 쓰리 쓰 뚜어샤오
시력이 얼마나 됩니까?

B: 视力不太好。
Shìlì bú tài hǎo
쓰리 부 타이 하오
시력이 별로 좋지 않습니다.

📖 **Check Point!**

안과(眼科 yǎnkē)에 진료를 받으러 갈 때는 미리 예약을 하고 가는 게 기다리지 않고 제 시간에 안과의사(眼科医生 yǎnkē yīshēng)에게 진료를 받을 수 있습니다. 창구 앞에 개인신상 정보와 어느 곳에서 진료를 받을지 적는 종이가 있는데, 여기 보면 专家, 普通 이라고 의사 등급을 선택할 수가 있습니다. 즉 우리로 치면 특진 여부 체크하는 겁니다.

눈이 아파요.

眼睛疼。

Yǎnjing téng
이엔징 텅

눈이 가려워요.

眼睛痒痒。

Yǎnjing yǎngyang
이엔징 양양

눈이 따끔거려요.

眼睛辣辣的。

Yǎnjing làla de
이엔징 라라 더

흐릿하게 보여요.

我看不清楚。

Wǒ kàn bù qīngchǔ
워 칸 뿌 칭추

눈이 침침해요.

眼睛不好受。

Yǎnjing bùhǎoshòu
이엔징 뿌하오셔우

눈이 충혈되었어요.

眼睛发红了。

Yǎnjing fāhóng le
이엔징 파홍 러

56 대화 다시듣기

A: 시력이 얼마나 됩니까?

B: 시력이 별로 좋지 않습니다.

□ □ □

374

Unit
57

 병원

치과에서

Mini Talk

A: **牙龈出血了。**

Yáyín chūxiě le

야인 추시에 러

잇몸에서 피가 나요.

B: **有很多牙垢。**

Yǒu hěn duō yágòu

여우 헌 뚜어 야꺼우

치석이 많이 끼었습니다.

Check Point!

여행 중에 병원에 갈 일이 없으면 좋겠지만 여행을 하다보면 아파서 병원에 가야 할 일이 생기는 경우가 있습니다. 만약 이가 아프면 牙科(yákē)에 가서 牙科医生(yákē yīshēng)에게 진료를 받아야 합니다. 치과에 가면 치석을 제거하거나(去齿垢 qù chǐ gòu) 충치를 뽑습니다(拔虫牙 bá chóngyá). 임플 란트나 교정 등은 비싸므로 한국에서 하는 게 좋습니다.

375

이가 아파요.

我牙疼。

Wǒ yá téng

워 야 텅

충치가 있습니다.

我有虫牙。

Wǒ yǒu chóngyá

워 여우 총야

이를 때워야 합니다.

我得补牙。

Wǒ děi bǔ yá

워 데이 부 야

이가 약간 흔들거려요.

我的牙齿有点松动。

Wǒ de yáchǐ yǒudiǎn sōngdòng

워 더 야츠 여우디엔 쏭뚱

두드리면 이가 아파요.

敲敲牙就会疼。

Qiāoqiao yá jiù huì téng

챠오챠오 야 찌우 후이 텅

이가 부러졌어요.

牙齿断了。

Yáchǐ duàn le

야츠 뚜안 러

 57 대화 다시듣기

A: 잇몸에서 피가 나요. ☐ ☐ ☐

B: 치석이 많이 끼었습니다.

Unit
58

입원 또는 퇴원할 때

Mini Talk

A: 你的病情较严重,得住院治疗。
Nǐ de bìngqíng jiào yánzhòng, děi zhùyuàn zhìliáo
니 더 삥칭 쨔오 이엔쫑, 데이 쭈위엔 쯔랴오
병세가 심각해서 입원치료를 받아야 합니다.

B: 要住几天?
Yào zhù jǐtiān
야오 쭈 지티엔
며칠 입원해야 하나요?

Check Point!

병원에 입원하는 것을 住院(zhùyuàn), 퇴원하는 것을 出院(chūyuàn)이라
고 합니다. 입원환자들의 병실은 住院病房(zhùyuàn bìngfáng)이라고 하
며 입원비에 따라 여러 종류로 나뉘어 있습니다. 환자를 간호하는 것은 陪护
(péihù)라고 하거나 '돌보다'는 뜻을 가진 照顾(zhàogù)라고 합니다. 며칠
입원해야 하는지 물을 때는 要住几天(Yào zhù jǐtiān)?이라고 합니다.

그이는 입원치료를 받아야 해요.

他得住院治疗。

Tā děi zhùyuàn zhìliáo

타 데이 쭈위엔 쯔랴오

업무과에 가셔서 입원수속을 해주세요.

请到住院处办理住院手续。

Qǐng dào zhùyuànchù bànlǐ zhùyuàn shǒuxù

칭 따오 쭈위엔추 빤리 쭈위엔 셔우쉬

입원비는 언제 내죠?

住院费什么时候交?

Zhùyuànfèi shénmeshíhou jiāo

쭈위엔페이 션머스허우 쨔오

언제쯤 퇴원할 수 있을까요?

什么时候可以出院?

Shénmeshíhou kěyǐ chūyuàn

션머스허우 커이 추위엔

퇴원 후 집에서 한동안 쉬어야 합니다.

出院后，得在家里休息一段日子。

Chūyuàn hòu, děi zài jiā li xiūxi yíduàn rìzi

추위엔 허우, 데이 짜이 찌아 리 씨우시 이뚜안 르즈

그는 이미 퇴원했어요.

他已经出院了。

Tā yǐjīng chūyuàn le

타 이찡 추위엔 러

 58 대화 다시듣기

A: 병세가 심각해서 입원치료를 받아야 합니다.

B: 며칠 입원해야 하나요?

Unit 59 병원

병문안할 때

Mini Talk

A: 听说你生病住院了, 我真的好担心你。

Tīngshuō nǐ shēngbìng zhùyuàn le, wǒ zhēnde hǎo dānxīn nǐ

팅쑤어 니 셩삥 쭈위엔 러, 워 쩐더 하오 띠엔씬 니

아파서 입원했단 소식을 듣고 정말 많이 걱정했어요.

B: 谢谢你来看我。现在好多了。

Xièxie nǐ lái kàn wǒ. xiànzài hǎo duō le

씨에시에 니 라이 칸 워.

시엔짜이 하오 뚜어 러

와주셔서 고맙습니다.

이제 많이 좋아졌어요.

Check Point!

'병문안을 가다'를 探望病人(tànwàng bìngrén)이라고 하고 줄여서 探病 (tànbìng)이라고도 합니다. 병세가 어떤지 물어볼 때는 你身体怎么样, 好 点儿了吗(Nǐ shēntǐ zěnmeyàng hǎo diǎnr le ma)?라고 합니다. 쾌차를 빌 때는 祝你早日康复(Zhù nǐ zǎorì kāngfù)라고 하고 '몸조리 잘 하세요' 라고 할 때는 请多多保重(Qǐng duōduō bǎozhòng)이라고 합니다.

379

아프다는 소식을 듣고 보러 왔어요.

听说你病了，我来看看你。

Tīngshuō nǐ bìng le, wǒ lái kànkan nǐ

팅쑤어 니 삥 러, 워 라이 칸칸 니

역시 많이 쉬셔야 좋아요.

最好还是多休息。

Zuìhǎo háishì duō xiūxi

쭈이하오 하이쓰 뚜어 씨우시

오늘은 어떠세요, 많이 좋아지셨어요?

你今天怎么样，好点儿了吗?

Nǐ jīntiān zěnmeyàng, hǎo diǎnr le ma

니 찐티엔 전머양, 하오 디알 러 마

전보다 많이 좋아졌어요.

比以前好多了。

Bǐ yǐqián hǎo duō le

비 이치엔 하오 뚜어 러

의사는 며칠 더 지나면 당신이 좋아질 거예요.

医生说，再过几天就会好了。

Yīshēng shuō, zài guò jǐtiān jiù huì hǎo le

이셩 쑤어, 짜이 꿔 지티엔 찌우 훼이 하오 러

이렇게 와주셔서 고마워요.

谢谢你特地来看我。

Xièxie nǐ tèdì lái kàn wǒ

씨에시에 니 트어띠 라이 칸 워

59 대화 다시듣기

A: 아파서 입원했단 소식을 듣고 정말 많이 걱정했어요.

B: 와주셔서 고맙습니다. 이제 많이 좋아졌어요.

병원

Unit 60

약국에서

 Mini Talk

A: 你需要什么药?

Nǐ xūyào shénme yào

니 쒸야오 션머 야오

어떤 약 드릴까요?

B: 消化不好。

Xiāohuà bù hǎo

샤오화 뿌 하오

소화가 잘 안돼요.

 Check Point!

약을 파는 곳인 약방을 药房(yàofáng)이라고 합니다. 중국의 일반 병원에서는 의사가 처방전(处方笺 chǔfāngjiān)을 지어주면 그것을 가지고 收费(shōufèi)라고 쓰인 곳에 가서 치료비와 약값을 지불한 다음 약 타는 곳인 取药处(qǔyàochù)에서 약을 받으면 됩니다. 대부분의 병원은 中药(zhōngyào 중의약), 西药(xīyào 양약)을 취급하는 곳이 구분되어 있습니다.

이 근처에 약국 있어요?

这附近有药房吗?

Zhè fùjìn yǒu yàofáng ma

쩌 푸찐 여우 야오팡 마

이 약은 어떻게 먹죠?

这药该怎么服用?

Zhè yào gāi zěnme fúyòng

쩌 야오 까이 전머 푸용

하루에 몇 번 먹죠?

一天吃几次?

Yìtiān chī jǐcì

이티엔 츠 지츠

하루 세 번, 식후에 드세요.

一天三次，饭后服用。

Yìtiān sāncì, fàn hòu fúyòng

이티엔 싼츠, 판 허우 푸용

두통약 있어요?

有没有头疼药?

Yǒuméiyǒu tóuténgyào

여우메이여우 터우텅야오

중의약을 드릴까요, 양약을 드릴까요?

你要中药还是西药?

Nǐ yào zhōngyào háishì xīyào

니 야오 쭝야오 하이스 씨야오

60 대화 다시듣기

A: 어떤 약 드릴까요?　　　□ □ □

B: 소화가 잘 안돼요.

382